逆境を「最高の喜び」に変える心の技法

A Philosopher's Guide to Becoming Tougher, Calmer, and More Resilient

ストイック・チャレンジ

The Stoic Challenge

ウィリアム・B・アーヴァイン 著

月沢李歌子 訳

NHK出版

ストイック・チャレンジ

逆境を「最高の喜び」に変える
心の技法

The Stoic Challenge
A Philosopher's Guide to Becoming Tougher,
Calmer, and More Resilient

ウィリアム・B・アーヴァイン［著］
月沢李歌子［訳］

The Stoic Challenge
A Philosopher's Guide to Becoming Tougher,
Calmer, and More Resilient
by William B. Irvine

ブックデザイン：小口翔平＋大城ひかり＋加瀬梓（tobufune）

目次

第3部 実践編 「ストイック・テスト」に取り組む

第4部 応用編 ストア主義者として生きる

＊本文中の注番号は巻末の原注を参照。
＊本文中に挙げられた書名は、邦訳版があるものは邦題を表記し、邦訳版がないものは原題とその逐語訳を併記した。

序章

ある日空港で

予期せぬトラブル

アメリカを飛行機で移動中、シカゴで乗り継ぎをするときのこと。帰りの便が天候のせいで遅れていた。ようやく到着した機に搭乗するよう案内されたが、座席に着いたとたん、また降りるように言われた。貨物室のドアがうまく閉まらないらしい。ターミナルで15分待ったあと、ふたたび搭乗するようにうながされ、わたしたち乗客は喜んでそれに従った。

10分後、客室乗務員から新たな知らせがあった。貨物室のドアを閉めることはできたが、スーツケースをひとつ積み残していたため、もう一度ドアを開けてそれを積み込んだところ、また閉まらなくなったとのことだった。はじめは小さな問題だったものが大きな問題になってしまったというわけだ。わたしたちはまたもや飛行機から降りるはめになった。

空港のターミナルでべつの機が用意されるという説明を受けたものの、少したってから、次のフライトは翌朝まで待たなければならないことがわかった。乗客たちは不満の声をあげた。航空会社の費用で近くのホテルに泊まれるようにすると言われて、不満の声はさらに大きくなった。じつはわたしもその声に加わっていた。けれど、すぐに考え直した。これはストア哲学の神々に与えられた試練のようなものだ。「それなら受けて立とう」と、わたしはだれにともなくつぶやいた。

ものごとがうまくいかないときは、それを試練ととらえるとよいと経験上わかっていた。より具体的に言えば、ストア哲学の神々がわたしの**逆境に負けない力、すなわち回復力《レジリエンス》と問題解決能力**を試そうとしていると考えるのだ。そうすれば、**逆境**――なにかを実現しようとするとき、それを妨げるような出来事のことを、本書では事の大小にかかわらずそう呼ぶことにする――から生じる感情を軽くし、解決策を見つけやすくなる。ここで少し説明をしよう。

逆境をゲームに変える

まず、わたしは得体の知れないカルト教団のメンバーではないということを伝えておきたい。古代哲学、より正確に言えば、ストア哲学の実践者だ。つまりマルクス・アウレリウス、セネカ、エピクテトスといったストア哲学者が2000年まえに説いた、よい人生を送るためのテクニックを用いてこの21世紀を生きるという選択をしている。

そういった選択をしているのはわたしだけではない。古代の哲学者がおそらく**「生きるための哲学」**と呼んだであろうものが欠けていることに気づく人が、今、ますます増えている。こうした哲学は人生においてなにを獲得するのが大切かを教えてくれるうえに、それを実現するための策を授けてくれる。もし、人生に哲学がなければ、毎日を行き当たりばったりに過ごすことになりかねない。その結果、日々の努力は方向性を失い、人生をむだにすることになるだろう。それはあまりにもったいない。

ただし、ストア哲学は宗教とはちがう。死後の世界ではなく、この世で過ごす時間について論じている。とはいえ、キリスト教やイスラム教など多くの宗教に通じるものもある。もうひとつ、はっきりさせておきたい。さきほど「ストア哲学の神々」と言ったが、実体としても、「霊的な」存在としても、わたしはそうした神々がいると信じているわけではない。単にそうした神々がいることを想像して、**多くの人が「逆境」ととらえることを「ゲーム」に変えているにすぎない**。そうすれば、いらだちも、憤りも、落胆も感じることなく、逆境に対処できる。

心理的テクニックとして神々を想像するのがいやなら、架空のコーチや先生でもいい。心理的効果は同じだ。神を信じる人なら、逆境を神やアッラーの思し召しだと考えることもできる。多くのキリスト教徒やイスラム教徒がそうしているだろう。本書ではストア哲学の試練のゲームと、その根拠となる心理学的研究についてさらに説明し、そのゲームにうまく取り組むための助言をしようと思う。とはいえ、まずは空港の出来事について話を続けよう。

試練への勝利

わたしたちはホテルの宿泊券を渡されて、シャトルバスを待つように言われた。バスに乗り込むと、まもなくホテルに着き、フロントデスクのまえに並んで順番を待った。部屋番号を教えてもらい、せいぜい4時間ほどしか眠れないだろうと思いながら部屋へ向かった。部屋はロビーから遠く、エレベーターに乗らなければならなかった。しかも、ドアを開けると、ひどく散らかっていた。

ストア主義者でなければ、この時点で当然ながら憤ったことだろう。どうしてこんなことが？　一体どういうつもりなんだ？　それでも、ストア哲学の神々に試されているのだと思うと、考え方が変わる。なるほど、こう来るとは思わなかったな。ストア哲学の神々よ、やってくれるじゃないか。わたしはフロントデスクに戻り、状況を説明した。

わたしが怒ったとしても、フロントデスクの従業員もふくめてだれもが理解してくれただろう。とはいうものの、怒る価値などないと思った。**わたしは心の平静を大事にしているのだから。**ホテルの従業員は悪意を持ってやったのではない。ストア哲学の神々が与えたこの試練の単なる脇役なんだ。そう考えることも平静を保つ助けになった。

フロントデスクの従業員は「片づいているはず」の部屋の鍵《かぎ》をくれた。そのとおり、部屋は片づいていた。わたしはなんとか眠り、翌朝早く階下に降りて、シャトルバスで空港へ戻った。バスの乗客のほとんどがキャンセルされた便に乗るはずだった人たちで、だれもがほかの人に負けじと、航空会社、空港、ホテルについて不満をこぼし続けていた。それを眺めながら、自分がそうした人たちの感情に巻き込まれずにすむことをありがたく思った。

21世紀に生きるわたしたちは、まるでだだっ子のようだ。エアコンのきいたバスに乗って、エアコンのきいた空港に向かい、エアコンのきいた飛行機で国内を移動できるのに。

フライト中に喉《のど》が渇けば好みの飲み物を持ってきてもらえるし、フライト時間が長ければ食事も提供される。用を足したくなれば、通路の先に水洗トイレがある。ほぼ必ずトイレットペーパー付きで。

アメリカの開拓者たちはどう思うだろう。彼らが国内を移動したときは、荷馬車で何週間も快適とは言えない旅をし、もしかすると敵意を抱いている（それも当然だ）先住民と遭《そう》遇《ぐう》したかもしれない。荷馬車の座席は現代の飛行機の座席より広かったとしても、開拓者の多くは馬車に乗るのではなく、徒歩で進んだ。荷を積みすぎた馬車にそれ以上負荷をかけないためかもしれないし、荷馬車にがたごと揺られるよりは、歩くほうがいいと思ったからかもしれない。いずれにしても、当時は高速道路などなかった。それどころか、轍《わだち》のついた道さえないところも多かった。さらに、何週間もの旅のあいだ、トイレもトイレットペーパーもなかったことを忘れてはいけない。そうした人々にとって現代の飛行機の旅は、たとえ今回のような逆境に転じたとしても、奇跡のようなものだろう。それでもわたしたちは、不快だとか、運が悪いなどと愚痴《ぐち》をこぼしている。

代わりの飛行機は問題なく離陸し、着陸した。空港では、わたしの車が駐車場で待っていて（よかった！）、家までは文字どおりなにも障害がなかった。帰宅したとき、ストア哲学の神々に与えられた試練は終わったと考え、自己評価をした。われながらよくできたんじゃないだろうか。**数々の挑発にも乗らず、平静を失わず、落ち着いていられた。**わたしは勝った。「1点追加」だ。いっしょに足止めを喰《く》らった人たちは、こうした晴れやかな気持ちにはなれなかっただろう。わたしは逆境に対処するとき、こうしたテクニックをよく用いる。そして、同じような結果を得ている。

不変の楽観主義者

自分の思いどおりにならなかったときに、いらだったり、憤ったりするのは多くの人にとって自然な反応だ。だから怒る。けれども、ありがたいことにほかにも対応の仕方がある。簡単に実践できて、効果も大きい。それをわたしは**「ストイック・テスト戦略」**と呼んでいる。逆境に見舞われたときは、自分の回復力《レジリエンス》や問題解決能力を想像上のストア哲学の神々に試されている、つまりテストされているのだと考える。そうしたカーブボールが投げ込まれるのは、日々をより厳しいものではなく、よりよいものにするためだ。逆説的な考え方だが、こうした試練がなぜありがたいのかを説明しよう。

その名のとおり、「ストイック・テスト戦略」は古代のストア哲学者《ストイック》によって考えだされた。そう、哲学者は思想家だが、古代世界ではさまざまな役割を担った。今日、哲学と考えられているものに加え、物理、生物、数理、論理、心理についても研究し、こうした分野に大きく貢献した。とりわけ、心理学に対するストア哲学者の貢献は大きい。実際、「ストイック・テスト戦略」は、今日の心理学者たちが再発見し、「フレーミング効果」と名づけた現象を評価することが基本となっている。**フレーミング効果とは、状況をいかにとらえるかが、その状況に対して抱く気持ちに大きな影響を与えることをいう**（7章を参照）。

ストア哲学者は、体験する状況のフレーム（枠組み）をかなり柔軟にとらえられることに気づいた。つまり、逆境を人間性に対するテストだと考えれば、状況に対して抱く気持ちが大きく変わる。とりわけ大きな不幸に直面したときにも平静でいられるようになるので、人生の質を劇的に改善することができる。

ストア哲学者は誤解されることが多いようだ。感情を持たず、どんなことも冷ややかに受けとめるのを第一の目標としていたかのように思われている。けれども、それはちがう。彼らは感情を消そうとしたのではなく、いらだち、怒り、悲しみ、ねたみといったマイナスの感情を減らそうとした。喜び、さらには楽しみなどのプラスの感情を経験することにはまったく反対していない。

ストア哲学者は冷徹なのではなく、**出来事を前向きに解釈する能力を持った不変の楽観主義者**と考えるべきだろう。逆境に対していらだったり、憤ったりするのではなく、そうした試練にうまく対処することで大きな喜びを得る人たちだ。

また、辛抱強《しんぼう》い人たちだとも言えるかもしれない。もちろん、そうだ。ただ、辛抱強いというのは不満をもらすことなく、逆境に耐《た》えることだが、ストア哲学者がやったのはそういうことではない。**逆境を耐え忍んだのではなく、苦しまずに経験しようとしたのである**。このちがいは重要だ。

現代によみがえるストア哲学

本書は21世紀のストア哲学の実践の書だ。20世紀後期の心理学者の研究と、21世紀のストア哲学者の助言を融合させている。伝統あるストア哲学をこのような形で扱うことに腹を立てる学者もいるかもしれない。彼らはストア哲学を貴重な古代遺産のように考えていて、密閉ケースに収め、さわらずに眺めていたいのだろう。けれども、わたしはストア哲学をツールとして使う。時の流れに合わせて磨きあげる必要はあるが、今でも役に立ち、現代の生活に大きな効用をもたらすものだと考えている。

古代のストア哲学者は、彼らの教えを「現代風にする」ことにおそらく反対しないだろう。セネカはとくに賛成してくれるはずだ。「ストア哲学者のだれかひとりの教えに縛られるつもりはない。わたしにも独自の意見を持つ権利がある」[1]と述べているからだ。ストア哲学をセネカのように深く理解していると主張するつもりはないが、わたしにはセネカにはなかったものがある。エイモス・トベルスキーやダニエル・カーネマンなどの心理学者から得た人間の心理に対する知見だ。それを活かして、逆境に対処するために「ストイック・テスト戦略」を探求し、説明する。

まず、わたしたちが影響を受けやすい逆境と、それに対する典型的な反応を記す。多くの人がいらだち、怒り、不安を感じ、さらには落胆さえする逆境に、冷静に対処できる人々がいる。どうしてだろう？　そうした人々をまねすることはできるのだろうか。

さらに、逆境に対する心理をさぐる。どうしてわたしたちは逆境にこれほど影響されるのか。それから、逆境を単に不運な経験と考えるのではなく、**自分自身の回復力《レジリエンス》や創意工**

夫を試されているのだととらえ直すにはどうしたらいいかを示す。そうすることで、逆境への対処法を大きく変えられる。怒りや不安を経験するのではなく、逆境という試練に積極的に立ち向かえるようになることに驚くだろう。

最後に、「ストイック・テスト戦略」を使えば、よりよい日々を送れるようになるだけでなく、よりよい人生を送れるようになるということを付け加えておこう。また、この世界に別れを告げるときが来れば、穏やかな死を迎えることができるだろう。

第 1 部

基礎編

試練に対処する

第1部では、ストア哲学者が
障害や困難といった「逆境」をどうとらえるか、
その基本的な考え方を解説する。
人は逆境を「目標・目的が達成できない理由」
だと考えてネガティブな感情を抱くが、
それが事態を好転させることはない。
いらだちや怒りの感情を排し、
冷静に対処することが重要なのだ。

1章

ものごとは うまくいかない

1章のポイント

・逆境の多くは自分の準備不足で起こる。
・何かを強く望むと、そのぶん多くの逆境を経験する。
・逆境によって生じる不安や苦痛は、逆境そのものより大きなコストだ。
・ストア哲学は「感情のコスト」を減らすのに役立つ。

それは突然やってくる

順調な、あるいはすばらしいものとさえ思えた人生に、突然、障害が現れることがある。障害は、仕事や遊びや家庭に、また、旅行中に、わたしが空港で体験したような逆境として現れる。予定どおりにものごとが運ばず、計画を立て直さなければならなくなる。

よくある1日でさえ、いくつもの逆境に見舞われる。爪先をぶつけたり、朝食のトーストを焦がしてしまったり、傘を持っていないのに雨に降られたり、渋滞に巻き込まれて仕事に遅刻したり。こうした小さな逆境や、ちょっとした煩《わずら》わしいことや、ささいな問題は日常よく起こる。インフルエンザにかかるのは逆境としてはより重大だ。数日間にわたって予定をキャンセルしなければならないときはとくにそうだろう。突然の失業も困る。その後何か月かのほとんどの計画を変更せざるをえなくなってしまう。さらに深刻なのは伴侶の死、不治の病の宣告、冤罪《えんざい》、あるいは自分が犯した罪による投獄などだ。

自分自身が死ぬことは、大きな逆境のように思えるかもしれない。けれども、それは死後になにが起こるかによる。死後の生がないとしよう。死は残された者にとっては逆境かもしれないが、死者本人にとってはちがう。死後の生がなければ、死者本人の計画が死によって変わることはない。計画自体が終わる。それだけだ。

ただし、来世があるなら、死は逆境になるかもしれない。生まれ変わりが本当に起こるなら、そして人間として生まれ変わるなら、一生のうちの数々の逆境にふたたび対処しなければならなくなる。そうなるとそれ自体が大きな逆境だと考えられる。人間以外のもの、たとえば蚊《か》として生まれ変わるなら、またべつの新しい試練に向かわなければならない。ただ、蚊は、それを逆境だと考える知能をおそらく持ち合わせていないだろう。

一方、死後にべつの身体に生まれ変わるのではなく、元の自分が存在し続けるとしよう。死後に地獄に行くのだとすると、死は想像しうる最大の逆境になる。天国に行くのであれば、それは逆境ではなく、大きな前進かもしれない。格が上がったとでも言おうか。このうえなく好ましい存在へと変容するのだから。

とは言っても、天国でも永遠に幸せでいられるかはわからない。天国へ行っても人の性格は変わらないだろう。そうなると、今までと同じように、自分の恵まれた境遇を当然のことと考え、そのうちに天国の完璧《かんぺき》なまでのすばらしさをあたりまえのように思い、喜びを感じなくなる。そうならないように、全知全能の神が、もしかしたら天国でもちょっとした逆境を用意するかもしれない。

同様に悪魔は（もし存在するなら）地獄に落ちた人々にかすかな希望を残しておき、あとからその希望を冷酷に奪って、彼らを絶望させるかもしれない。

原因のリスト――トップは自分

自然が逆境を引き起こすこともある。たとえば、車のまえに飛び出してきたシカをひき殺してしまうかもしれない。嵐のせいで1週間も停電に耐えなければならないかもしれない。そのあいだ、電気があることをあたりまえに考えていた愚かさに気づくが、復旧すれば、すぐにまたそれをあたりまえのことだと思いはじめる。

ただ、**たいがいの場合、邪魔をするのはほかの人々だ。とはいえ、彼らにも悪意がないことが多い。**手際が悪いウエイターが注文をまちがえる。あるいはほかの車の運転手がシカをよけて車線をはみだす。そのせいで、自分自身がハンドルを切りそこねて車を衝突させれば、出費はかさむし、けがをすることにもなりかねない。

あるいは、だれかに痛い目にあわせられるかもしれない。成績が悪かった十代の娘への罰として、1か月間、学校まで車で送るのをやめると父親が決めれば、娘にとっては大きな逆境になるだろう。または、スリにあうこともあるかもしれない。ただ、そのスリも麻薬取引で金《かね》を盗《と》られたのかもしれない。その場合は、すられた人にとっての逆境が、スリにとっては逆境から逃れる手段になる。そう考えると、逆境は病気と同じように感染力があると言えるだろう。一方、ほかの人の純粋な悪意によって、逆境に見舞われることもある。子どものころ、あなたを泣かせるのだけが目的で、兄弟や姉妹にお気に入りのおもちゃを奪われたことがないだろうか。

だれかのせいでいやな目にあって腹が立つときは、自分もだれかを同じような目にあわせているかもしれないと考えてみよう。不快な思いをしたのは確かかもしれないが、**もしかしたら、あなたがすぐにいらいらするせいで、周囲の人をいらいらさせているのではないだろうか**。このことは心に刻んでおくべきだろう。いやな目にあわされたことで頭がいっぱいになると、自分がほかの人に問題を及ぼしていることに気づかなくなってしまうからだ。意図しているか、していないかにかかわらず、自分が周囲にどれだけ迷惑をかけているかを認識できるかどうかが、人としての成熟度の目安のひとつになる。セネカの次の言葉を覚えておいてほしい。「わたしたちは悪い人間に囲まれた悪い人間である。平静でいるためには、他者を大目に見るしかない」[1]

また、逆境に見舞われて、**だれのせいでそんな目にあったのかを考えるなら、まず自分を加害者リストのトップに入れるべきだ。**逆境の多くは、準備不足から起こる。ガス欠になったのは、出かけるまえに燃料計を確認しなかったからだし、休暇の最終日に寝過ごしてしまって飛行機に乗れなかったのは、目覚まし時計をセットし忘れたからだ。また、選択をまちがえたせいで困ったはめに陥ることもあるかもしれない。たとえば、ワクチン接種を拒否して帯状疱疹《たいじょうほうしん》を発症したなら、それは自分のせいだろう。

意外に大きい感情的コスト

逆境は欲望と関係がある。なにが逆境となるかは、なにを望んでいるかで決まり、その逆境がどれほど深刻になるかは、どれだけ強く望んでいるかによる。風邪をひくのは多くの人にとってはちょっと煩わしい程度のことだが、オリンピックで競うために何年もトレーニングを重ねてきたマラソンランナーにとって、レース前日に風邪をひくことはとても大きな逆境だ。同じように、6歳の子なら前歯を2本失ったことを逆境ではなく、大人になる通過点ととらえるだろうが、結婚式の日の朝に前歯が抜けたとなれば、それはほぼまちがいなく大きな悲劇だ。

逆境と欲望は関係があるため、欲望を持つことのない人がいるとすれば、どんなこともその人にとっては逆境にならない。反対に、なにもかもきちんと望みどおりに整えなければならない人には、逆境が日常的に起こる。さらに、ふつうでない望みを持つ人には、逆境になることがふつうの人とは異なる。たとえば、水に溺れかかっている人は、憐《あわ》れみ深い人に助けられたらありがたいと思うものだが、みずから命を絶とうとしていたなら、逆境になるかもしれない。

逆境にどれだけ直面するかは、どれだけ先見の明を持っているかによる。思慮の浅い人は、予期しなかった障害に出くわすことが多く、その結果、人生はいらだたしいことや不公平なことばかりだと思う。けれどもよく考えれば、自分の不運の原因を理解できるかもしれない。

一方、思慮深い人は世の中のしくみを学び、その知識をもとに計画を立てて、逆境に陥る機会を少なくしている。とはいえ、どれだけ慎重に計画を立てても、逆境は起こる。充電もガソリンも十分で点検もしたばかりなのに、ハイブリッド車のコンピューターが誤作動を起こし、混雑時の高速道路上で立ち往生することになるかもしれない。

本書を読んでいるあなたは、おそらく予見できる逆境を防ぐために時間もエネルギーも割《さ》いていることだろう。だが、そうしたことが起こったときに受ける感情的な影響を最小化するテクニックを身につけるために、時間やエネルギーを割いているだろうか。逆境のコストを足し合わせてみると、**なによりも大きなコストは、逆境によって生じる不安や苦痛だとわかる**。だとすれば、感情への影響を減らす方法を身につけるべきだろう。

逆境が及ぼす影響を観察すれば、大事なことが明らかになる。そのため、逆境の原因、深刻さ、どう対応したかを記録することを勧めたい。逆境には二重のコストがかかることに気づくだろう。まず、実質的なコスト。高速道路上で車が故障すれば、修理費もかかるし、いろいろな対応を強いられる。医師からがんであることを宣告されるような状態なら、病気や不快な症状といった実質的なコストに直面する。

次に、感情的なコスト。車が故障すれば腹が立つし、がんと診断されれば心底落ち込む。感情的なコストは多くの場合、実質的なコストよりもずっと大きい。逆境に直面したときの感情的なコストを減らす、あるいはなくすことができたらどんなにいいだろうか。ストア哲学の考え方を用いれば、それが可能になる。

起きた問題にどう対応するか

ほかの人が逆境にどう対応するかを見れば、多くを学ぶことができる。体験談を語ってもらうといい。「最近どうですか？」と尋ねるだけで、きっかけを作れるかもしれない。給湯器がもれるようになったと友人にこぼせば、「うちもよ、去年だけど」と同じような経験を聞き出せるだろう。

また、ほかの人に降りかかった逆境の話を聞くと、それに張り合うかのように自分の体験を話す人も多い。レストランで食事をして具合が悪くなった話を聞けば、メキシコのティフアナでタコスを食べたあと、3日間具合が悪くなったことをこと細かに語りはじめる。経験した逆境についてだけでなく、もっぱら自分のことばかり話し、さらにはそのときの怒りもぶちまける。言うまでもなく、そうした人々といっしょにいるのはあまり好ましくない。それでも、いっしょにいなければならないなら、注意を払ってみよう。自分も逆境に対して、そういう人たちと同じように応じているのではないだろうか。もしそうなら、そういった癖《くせ》を直す方法を考えてみよう。直すことができれば、毎日がもっと楽になり、その結果、これまでにないほど人生を楽しめるようになる。

ほかの人たちが同じような問題にぶつからずにすむように、一種の公的サービスとして、体験した逆境について語ることもあるだろう。また、そうした問題にどう対応したかを語ることによって、忠告にもかかわらず犠牲になってしまった人たちが問題に対処する助けにもなる。一方で、助けを求めて、逆境の体験を話す人々もいる。「財布をひったくられて現金もクレジットカードも身分証明書もない」と、見知らぬ人に訴えられることもあるだろう。あるいは、逆境の原因である社会の不公正に対して、いっしょに闘ってほしいと頼ってくる人もいるかもしれない。

逆境にいかに耐え、創意工夫をしたかを印象づけようとして語る人もいる。それに対して称賛を求めるのではなく、逆に憐れみを求めて話す人もいる。そういう人は自分が悪いのではなく、社会が不公平なのだと言ってもらいたいのかもしれない。

逆境と創造力

逆境に直面している人を見て、満足感を抱くこともあるだろう。そういう目にあっても仕方ないと思える場合もあるからだ。たとえば、パワハラのひどい上司が、より上の人からクビを切られる。これは当然の報いだ。逆境に打ち勝つ人々を見れば、痛快な気分を味わえることもある。スポーツを観戦するのはそれが理由のひとつかもしれない。応援しているチームが対戦相手を苦しめているのを見るのも楽しい。野球であれば、相手チームの打者が三振したり、選手が怪我をしたり、負けたりすると気持ちがいい。また、応援しているチームが窮地《きゅうち》を脱する勇ましい姿を見るのも痛快だ。スポーツに逆境がなければ、芝刈りを眺めているように退屈なものになるだろう。

小説を読むときも同じだ。わたしたちは、ある意味、逆境に惹《ひ》かれて、文学に関心を持つのだろう。小説ではしょっちゅう問題が起こる。それには理由がある。ふたりの人物が最初の出会いで恋に落ち、結婚し、けんかもせず、ずっと幸せに暮らすという小説などだれも買ってくれない。小説家はそれを知っているので、登場人物を苦境に陥らせる。その結果、ふたりの関係はうまくいかなくなり、恋が終わる。あるいは登場人物が波乱に満ちた人生を送る。病気にかかったり、犯罪の被害者になったりする。映画でも同じ法則が用いられる。

たいがいの人は、自分にはたいした創造力がないと考えて小説や戯曲を書こうとはしないが、最近、なにか困った目にあったかどうかと尋ねられれば、言葉があふれ出てくる。経験した逆境が予見できないものであり、実際よりも深刻だったかのように思ってほしくて、登場人物の造形をふくめてこと細かに語るかもしれない。そうすることによって、問題をいかに見事に解決したか、解決できなかった場合は、それがいかに仕方のないことだったかを示そうとする。

創造力は、眠っているときにもとぎれない。睡眠中に見る夢には、いいものも悪いものもあるが、夢のなかで逆境を経験すれば悪夢になる。必要なものが見つからない、会いたい人に会えない、危険が迫る恋人に気をつけるよう声をかけたくてもできない、といったことが起こる。次から次へと逆境が立ちはだかることもある。ひとつが片づいたら、べつの問題が降りかかってきて、また新たな解決策を考えなくてはならない。いまいましい。夢のなかの自分には問題をとうてい克服できないとわかった（たとえば、森の道に立ちはだかるドラゴンの鋭い爪に襲われた）ときに、目が覚める。そうしたときは、見た夢を友人や親類に話さずにはいられなくなる。

目が覚めているときに直面する逆境は、瞼《まぶた》を開いても消えてくれない。そこで、対応のための効果的なテクニックを身につけることが重要になる。残念ながら、多くの人が用いている方法は効果がないだけでなく、逆効果だ。結果的にいらだちと怒りがつのる。そのせいで逆境による痛手を大きくしてしまう。

2章

怒りは事態を悪化させる

2章のポイント

・怒りと幸福は両立しない。
・過去に経験した怒りは再燃する。
・マイナスの感情への共感は、事態を悪化させる。
・まずは怒りの感情を避けるべきだ。

共感はマイナスの感情を増幅する

逆境にどう反応するかは人それぞれだ。過敏に反応する人もいる。そういう人はちょっとした逆境にも感情を大きく乱される。そうなるとすぐには立ち直れない。逆境を回避できないと感じたり、被害者になりきって、どれだけ自分がひどい目にあったかを聞いてくれる人に不平をもらしたりする。さらには、自分を被害者の位置に置くことによって、自分ではなくほかのだれかが解決すべきだと主張する。

けれども、わたしたちの多くはこういう人たちよりも強情だ。逆境にあえば、失望したり、あきらめたりするのではなく、いらだちを覚える。たいがい無意識に。逆境に直面していらだつのは、花粉症の人が空中に舞う花粉を吸ってくしゃみをするのと同じで、ただの反応にすぎない。

とはいえ、くしゃみといらだちはまったくちがう。くしゃみは鼻腔《びくう》をくすぐるものを取り除いて気分をすっきりさせてくれる。一方、いらだちはたいてい怒りを引き起こす。これは残念なことだ。**怒りは幸福とは両立しない**ので、喜びが感じられなくなる。そのため、逆境に反応していらいらすると、事態はさらに悪くなる。

しかも、怒りは伝染するらしい。逆境に対して抱いた怒りは、しばしばだれかにぶつけられ、ぶつけられた相手は、その怒りをぶつけた相手に返す。あるいは、まったくべつの人に怒りへの共感を求める場合もある。これは怒りを正当化したい、怒って当然だと認めてもらい、あわよくば同情されたいからでもある。英語の「commiserate(同情する)」という単語は、ラテン語の「commiseratus」に由来する。「com」は「いっしょに」、「miser」は「みじめな」を意味する。つまり、ほかの人にいっしょに怒ってもらい、みじめさを分かちあいたいのだ。もちろん、ひとりで腹を立てるのがばからしいなら、ふたりで腹を立てれば、ばからしさは2倍になる。ひとりが怒っている原因に、もうひとりが、直接被害を受けていないならなおさらだ。

同様に、わたしが逆境に見舞われて、ある友人が「お気の毒に」と言ったとする。友人は、たぶん心から気の毒がっているわけではない。せいぜい、「そうした出来事が起こらなければよかったのに」と思う程度だろう。この言動は十分に理解できる。けれども、友人が心からわたしを気の毒だと思っているとしたら、とくにわたしが逆境に見舞われたことに怒りと悲しみを抱いているとしたらどうだろうか。これこそ、ストア主義者がもっとも望まないことだ。わたしは、友人に問題への対処法を見つけるための助言を求めるかもしれないが、わたしのために怒ったり、悲しんだりしてほしいと願っているわけでも、期待しているわけでもない。こうした同情は、逆境を乗り越える助けにはならず、ひとりに降りかかった災難をふたりに降りかかったことにしてしまう。つまり、事態を悪化させる。

表しても抑えても消えない「怒り」

怒りを感じたときには、ふたつの選択肢がある。怒りを表すか、抑えるかだ。**怒りを抑えれば、その怒りは心の奥深くに押し込まれて休眠するが、あとからよみがえってくる。**逆境に対して覚えた怒りが、1年後にまたふつふつと湧《わ》きあがってくるかもしれない。こうした怒りのフラッシュバックは何十年も続く可能性がある。年をとって多くのことを忘れてしまっても、理不尽な目にあった記憶は簡単には消えない。今日が何曜日か、あるいは西暦何年なのかもわからない90歳の女性が、半世紀もまえに苦しめられた経験を詳細に、新たな怒りを持って語ることもあるほどだ。

怒りを表せばどうなるだろうか。法を犯した場合は、投獄されるかもしれない。**社会に**

容認される方法であっても、怒りを表せばマイナスの影響を受ける。怒りを向けた相手が傷ついたとしても、傷つかなかったとしても。

怒っている人を落ち着かせようとしたとき、怒るのは当然だ、と反論されることがある。怒ればよけいにみじめになると言っても、みじめになるのも当然だ、と相手はさらに怒る。そこで、当然とはどういう意味かと尋ねると、相手は少しためらって、みじめになっても仕方ないことだと答えるかもしれない。こんな目にあったのだから、と。たしかに仕方ないかもしれないが、それでも残念なことだ。避けられるかもしれない怒りを日々抱いて、人生を不必要にみじめにするのは不幸なことではないだろうか。

ストア派の哲学者セネカは、怒りの感情を持つことがどんなに有害かを理解していた。著書『怒りについて』のなかで「人類にとってどんな悪疫《あくえき》も、これほど高くついたためしはない」[1]と断じた。怒りのせいで人々は互いを侮辱し、訴訟を起こし、離婚し、殴り、ときには殺しあう。怒りのせいで人々が暮らす国は戦争に突き進み、その結果、夥《おびただ》しい人々が一度も会ったことのない人の手によって殺され、町は瓦礫《がれき》と化し、文明が滅びる。

怒りの役割とは

それでは、自分が不当に扱われたと感じたらどうすればよいのだろうか。**まずは怒りの感情を避けるべきだ**、とセネカは言う。そうすれば、怒りに対処したり、怒りを表したり、抑えたりする必要もなくなる。この助言に耳を貸さない人も多い。わたしたちに怒らないでいる力はない、と彼らは言う。怒るのは自然なことだ、と。

わたしはそうは思わない。わたし自身は、怒りっぽいほうではないが、怒ることもできる。ただ、ストア哲学を学んでからは、人生において怒りが果たす役割が変わった。

怒りに関するひらめきは、病院の待合室にいるときに訪れた。たいてい予約の時間より待たされるので、病院へ行くときはなにか読むものを持っていくようにしている。その日に持っていったのは、ほかでもない、セネカの怒りについてのエッセイだった。結局、診察は1時間遅れ、わたしはそのあいだに興味深い発見をした。自分には待たされたことを怒る権利があるとわかっていたが、怒りたいと思わなくなっていた。セネカのおかげで、それが愚かな行為だと納得した。怒りは自分を傷つけるだけだ。この経験によって、自分が怒らずにいられることが証明できた。それ以前は、そんなことは不可能だと思っていた。

このひらめきがあってから、怒りが日々、どんな役割を果たすかに注意を払いはじめた。それまでは、渋滞に巻き込まれたときに、まわりの車の運転手を怒鳴りつけていたけれども、わたしの声は彼らには聞こえない。聞こえたとしても、わたしと同じように渋滞にはまっているのだからどうしようもない。では、なぜ怒鳴るのか？　怒鳴るとすっきりするからか？　そうなのかもしれない。ただ、それは一瞬のことだ。怒りはまた湧きあがる。そもそも怒らないほうがずっとましなのではないか。そうすれば、すっきりするために――それも一瞬のためだけに――なにかをする必要など感じなくなる。

怒りについて考えていくうちに、**怒りを覚えれば自分で自分に害を及ぼす**ことがさらに明らかになった。たとえば、テレビに映った政治家に向かって怒鳴るのは、愚かな行為だ。向こうにはこちらの声が聞こえないのだから。また、過去に経験した怒りが再燃することにも気づいた。まさに眠りにつこうとしたときに、何か月もまえに不当な扱いを受けたことを思い出す。すると、2、3時間寝返りを打つばかりで眠れず、翌朝、目が覚めたときも気分が悪い。

こうした観察の結果わかったのは、自分が、**ばかげたことに腹を立てる自分に怒りを感**

じているることだ。今こそ怒りについてじっくり考えなければならない。とくに、直面する日々の逆境に対して腹を立てないようにすることを学べば、対処しなければならない怒りはずっと少なくなる。

この段階で、怒りの感情をいかにコントロールするかを教えてくれるアンガーマネジメント・セラピストに診てもらうこともできた。けれども、ストア哲学を学んでいたわたしには、ほかにも選択肢があった。ストア哲学者が怒りのコントロールについてどう助言しているかをくわしく調べて、それを試してみればいい。その結果、ストア哲学者の助言は、最初に提唱されてから2000年たった今でも有効だとわかった。それを読者のみなさんに紹介したい。

3章

回復力《レジリエンス》が決め手

3章のポイント

・人生に何が起こるかはコントロールできない。
・起こったことにどう立ち向かうかはコントロールできる。
・選択肢が限られているとき、くよくよと思い悩むのは愚かだ。
・やり方を変えればたいていのことはできる。

アポロ11号の教訓

わたしたちは逆境によってダメージを受けたり、身体の活動機能を奪われたりした人を気の毒に思う。生きていくのが大変なことだろう。また、逆境に対するいらだちや憤りにも共感する。そして、そうした反応を示す人があまりに多いので、それが人間の通常の反応だと考えているのかもしれない。けれども、まわりを見れば、**逆境からすぐに立ち直る人もいる**。さらには、最初から動じずに、立ち直る必要がない人もいる。そういう人たちは強くて英雄《ヒーロー》のようにさえ見える。

宇宙飛行士ニール・アームストロングもそのひとりだ。アームストロングはアポロ11号計画で、月着陸船の操縦士に選ばれた。司令船が月周回軌道上に待機しているあいだに、月面に着陸する。着陸の技術を完璧にするために、訓練は地球にいるあいだに着陸練習機によって行われた。この不恰好《ぶかっこう》な乗り物は非常に操縦しにくく、これを飛行させるのは、皿をほうきの柄の先に乗せてバランスをとるようなものだった。

アームストロングは、何度も飛行に成功した。しかし、1968年5月6日、スラスターが作動せず、制御がきかなくなった。機体が大きく傾きはじめ、ついには逆さまになりかけた。緊急脱出だ。機体は2秒後に墜落し、たちまち火球に飲み込まれた。ところが、アームストロングはパラシュートで着陸したときに舌を嚙《か》んだぐらいで、傷ひとつ負わなかった。[1]

事故から数時間後に、彼の同僚であるアラン・ビーンは、アームストロングが宇宙服のままで書類を書いているのを見かけた。ビーンは冗談を交わしてその場を離れた。その後、はじめて事故のことを聞いた。驚いてアームストロングのオフィスに戻り、練習機を墜落させたのは本当かと尋ねた。「本当だ」とアームストロングは答えた。さらに尋ねられて「制御できなくなったから、抜け出すしかなかった」とだけ言った。

これがほかの宇宙飛行士だったら大騒ぎをしたかもしれない。ビーンはのちに語っている。不満をこぼさなかったとしても、自分の飛行技術の自慢くらいはしたはずだ、と。

わたしは、ニールがずば抜けて冷静だったとは思わない。だが、間一髪のところで死を逃れたあとすぐにオフィスに戻ってくるような宇宙飛行士はもちろん、どんな人間もほかに思いつかない。彼は飛行士全員が出席する会議でも、事故について話さなかった。あの事故以来、彼に対する見方がすっかり変わった。彼はほかの人とはまったくちがっていた。[2]

アームストロングは並外れた人ではあるが、彼がしたことはだれにもまねできないというわけでもない。大きな逆境によって与えられた困難に、静かに、そして勇敢に立ち向かうことができる人はほかにもいる。

サメに襲われた少女

2003年10月31日の早朝、13歳のベサニー・ハミルトンは、ハワイ諸島のひとつであるカウアイ島の海岸にサーフィンに出かけた。親友のアラナ・ブランチャードや、アラナの父と兄もいっしょだった。[3] 海が穏やかだったので、彼らはサーフボードの上でのんびりと波が立つのを待った。ハミルトンは右手でボードの先をつかみ、左腕を冷たい水につけていた。すると、突然、灰色のものが光った。なにが起きているのかわからないうちに、サメが肩のすぐ下から左腕を食いちぎった。海水がたちまち真っ赤に染まった。不思議なことに、傷があまりにひどかったため、痛みはほとんど感じなかった。ハミルトンはなんとか平静を保ち、残った腕で水を掻《か》きながら岸に向かった。

サーフィン仲間の助けを借りて岸までたどり着いたハミルトンは、すぐに病院に連れて行かれた。病院に着くころには体内のおよそ60パーセントの血液が失われ、瀕死《ひんし》の状態に陥った。偶然にも、病院にはハミルトンの父親が居合わせた。その日の午前中に膝《ひざ》の外科手術を受けることになっていて、ちょうど手術台に上がったところだった。そのとき看護師がやってきて、13歳の少女がサメに襲われて運ばれてくるので台から降りるように、と言われた。父親は地元のサーファーたちのことをよく知っていたので、その少女は自分の娘か友人のアラナではないかと思った。それから数分後、まさに自分の娘であることを知らされたのだ。

ハミルトンは幼いころからサーフィンを始め、7歳のときには親の助けなしで波をとらえて乗れるようになった。ほどなく、はじめて出場したサーフィンの大会で優勝した。13歳になるころにはたくさんのトロフィーだけでなく、スポンサーも獲得した。サメに襲われるまでは、プロのサーフィン選手になるのが目標だった。

ハミルトンは病院で回復を待ちながら、選択肢を考えた。サーフィンはもうできない。

片腕ではどうやっても無理だろう。波を撮《と》る写真家になるか、あるいはサッカーに転向しようか。サッカーなら腕はあまり使わないから。それでもすぐに、サーフィンをあきらめるには早すぎると思った。担当の医師は励ましてくれている。**できないことはそれほどないし、やり方を変えればたいていのことはできる**、と言ってくれた。抜糸が終わるまで待てば、またサーフィンをやってもいいという許可も出ている。

怪我が治るまでのあいだ、これから生きていくためには多くの問題を克服しなくてはならないことがわかってきた。片手でどうやってシャツのボタンを留めたり、靴紐を結んだりすればいいのか。どうやってオレンジの皮をむくのか。少し調べたり、実際にやってみたりすると解決策が見つかった。シャツはボタンのないもの、靴は紐を結ばなくていいものに替えた。オレンジは両足で押さえてむけばいいことに気づいた。そして、より重大な課題に向き合った。どうやって片腕でサーフィンをするかである。

感謝祭の前日、事故からわずか26日後、ハミルトンは試しにサーフィンをやってみた。そして、いくつか大事なことがわかった。まず、波がある沖に出るには、パドリングのやり方を修正する必要があること、次に、ボード上でうつ伏せの状態から立ち上がるときに工夫が必要だということだ。事故にあうまえのハミルトンもふくめて、サーファーはたいていて両脇に手をついて、上体を押し上げる。それについては、ボードの中央に片手をつければ大丈夫そうだとわかった。立ち上がることができれば、片手でバランスをとるのはさほど難しくなかった。二、三度、失敗したが、うまく波に乗れた。二度とサーフィンはできないという心のなかの声が消えた。ハミルトンは喜びの涙を流して、この勝利を祝った。

ハミルトンは競技サーフィンの世界に戻り、2005年、事故から2年もたたずに全米サーフィン協会の全国大会で優勝した。まもなくプロに転向し、初戦を勝利で飾り、その後も多くの勝利を重ねた。メディアからも注目され、「トゥエンティ・トゥエンティ」や「インサイド・エディション」「オプラ・ウィンフリー・ショー」にも出演した。人まえに出ることは気にならなかった。そうすることで、神を信じる気持ちをほかの人々と分かちあった。また、彼女のように、**大きな逆境に直面した人たちのロールモデルになる**こともできた。

立ち向かう方法はコントロールできる

南アフリカに住む27歳のアリソン・ボータはふたりの男に襲われた。[4] 1994年12月18

日の夜遅く、自宅近くの駐車場に車をとめようとしたとき、開けておいた窓からひとりの男の手が伸びてきて、喉にナイフを突きつけられた。男はボータに助手席に移るよう命じ、運転席に乗り込んで車を発進させた。まもなく、べつの男が加わって、車は郊外に向かった。

車は人気のないところでとまった。ボータは強姦《ごうかん》され、その後、腹部と恥骨《ちこつ》部を37か所刺され、喉を17か所切りつけられた。ふたりの男は車で走り去った。ボータの死体を置き去りにして。しかし、ボータは死んでいなかった。意識が朦朧《もうろう》としたまま、なんとか助けを得ようと、身体を引きずるようにして道路脇に出た。気管が切られ、腸は腹部からこぼれ出しかけていた。

車が一台やってきた。ところが、運転手は裸で血まみれのボータを見ると、そのまま走り去った。幸いにも次の車がとまってくれた。乗っていたティアーン・エイラドという若者は、救急車を呼び、必死でボータの出血を止めようとした。2時間以上もたって、救急車がようやく病院に着いたとき、医師や看護師は残虐《ざんぎゃく》な行為に言葉を失い、さらにボータがまだ生きていることに驚いた。ボータを襲ったふたりは警察によって見つけ出され、裁判にかけられて有罪になり、長期刑が宣告された。

回復までの日々はつらく、長かった。ボータはうつ状態に陥った。状況が変わったきっかけは、ほかの人たちのまえで自分の体験を話すよう勧められたことだった。話をすれば、深刻で、ときには心に傷を残すような逆境に見舞われた人々の人生に、プラスの変化を起こせると知った。やがて、ボータは聴衆の心を動かす話し手として歓迎されるようになった。

ボータは話のなかで、自分の人生の指針としている哲学を述べた。「わたしたちは人生に起こることをつねにコントロールすることはできないけれど……**起こったことにどう立ち向かうかはつねにコントロールできる**[5]」ストア哲学者のエピクテトスが聞いたら称賛してくれるだろう。ボータは、襲われたことに対して怒りを抱くかどうかは自分次第だと気がついた。そして、怒りを抱かないことに決めた。怒りは怒りを抱く人を破滅させる力を持つとわかったからだ。

その後、ボータは結婚し、事件から9年たって、驚いたことに妊娠した。医師たちは、腹部を刺されて生殖器系が傷ついたために、生物学上の母親になるのは不可能だと考えたが、そうではなかったのだ。分娩室《ぶんべん》には、事件のときにボータを助けたティアーン・エイラドがいた。エイラドはボータと出会ったことで医学の道を志し、医師になっていた。

「不運」を「不屈」に変える

ロジャー・イーバートは1967年から2013年に亡くなるまで、シカゴ・サン＝タイムズ紙で映画評論を書いた。1975年には公共放送サービスの「スニーク・プレビューズ」で共同司会者も務めた。公私ともども順調だったが、2002年、唾液腺《だえきせん》がんと診断された。一度はそれを克服したものの、再発した。医師らはふたたび治療を行い、状態は良好と考えられていた。ところが、頸動脈《けいどうみゃく》が破裂した。それもどうにか乗りきったものの、その後、6回も破裂をくり返した。最後には、破裂やがんや外科手術のせいで話す能力を失った。それだけでなく、顎《あご》の再建手術をしたために口を閉じることができず、つねに漫画のように歯をむき出しにした笑い顔をしていなければならなくなった。

2011年3月、イーバートはTEDトークに出演した。[6] より正確に言えば、ステージに座り、コンピューターによる音声合成装置にあらかじめ用意した原稿を読みあげさせた。その後、彼の妻と友人たちがイーバートに代わって話をした（イーバートは、コンピューターの音声だけでは聴衆が眠くなるのではないかと考えていた）。妻たちが話しているあいだ、イーバートは身振り手振りで、自分のことをジョークにした。聴衆は、最初はどう反応していいかわからずにいたが、すぐにイーバートは話す能力は失ったものの、ユーモアのセンスは失っていないことを知った。みんなが笑い、トークが終わるとスタンディングオベーションが起こった。心に染みる見事な話だった。イーバートが見せた勇気もすばらしかった。その2年後、イーバートは70歳でこの世を去った。

イーバートの動画を観ると、**わたしたちは自分が持つ能力をあまりにあたりまえのものだと考えていることがわかる。**イーバートも病状が悪化する過程で最後の言葉を発したはずだが、それがなんだったかは覚えていないと言っている。やむをえまい。それまでずっと、最後になにを言ったかなど覚えておく必要はなかった。言葉を発すれば、またすぐに次の言葉を発してきたのだから。けれども、今度はそうならなかった。

わたしにもいつか最後の言葉を発するときが来るのだろう。さらに言えば、どんなことにも最後のときが来る。そんなふうに考えると不吉で気が滅入るが、あたりまえのものと思ってきた話す能力を、すばらしくて、貴重なものへと変えてくれるという逆の効果もある。

多くの人はイーバートのことを「不運」ととらえるだろうが、もっともふさわしいのは

「不屈」という言葉だろう。イーバートは亡くなるまでの10年間で、通常、人が一生のうちに経験するより何倍も多くの逆境に見舞われたにもかかわらず、自分の運命を呪うことはなかった。これは**人間の精神の勝利**である。

生来のストア主義者

動く能力を失う人もたくさんいる。ルー・ゲーリッグはもっとも偉大な野球選手のひとりだ。1926年から1937年の12シーズンで3割以上の打率を維持し、1934年には、3割6分3厘《りん》というすばらしい成績を収めた。1938年のシーズンに勢いがやや衰え、2割9分5厘「しか」打てなかった。ゲーリッグは疲れを訴えた。1939年の春季キャンプでは明らかに調子を崩し、力を失っていた。打撃や走塁《そうるい》だけではない。キャッチボールにもそれが表れていた。

スポーツ記者たちは、なにかがおかしいと感じた。コーチらはベンチへ下げることも考えたが、ゲーリッグに敬意を払うあまり実行できなかった。1939年5月2日になってようやく、「チームのために」とゲーリッグがみずからベンチに下がった。ゲーリッグがその日はプレーをせず、2130試合連続出場記録の更新が終わったことを球場のアナウンサーが告げると、観客は立ちあがって拍手を贈った。ダグアウトにいたゲーリッグは、涙を浮かべた。

6月19日、36歳の誕生日にゲーリッグは筋萎縮性側索硬化症《きんいしゅくせいそくさくこうかしょう》——一般にALSあるいはルー・ゲーリッグ病として知られている——と診断され、6月21日にヤンキースはゲーリッグの引退を発表した。7月4日、ルー・ゲーリッグ感謝デーとされたこの日、ゲーリッグは有名な別れのスピーチをした。「この2週間、みなさんはわたしを襲った不運を記事で読んでいるでしょう。それでも、今日わたしは、自分を世界でもっとも幸せな男だと思っています」ゲーリッグはそう言うと、ファン、選手仲間、コーチ、球場の管理人、義理の母（妻とのけんかではゲーリッグの味方をしてくれる）、両親（教育と強い肉体を授けてくれた）、妻（「だれにも想像できないほどの勇気」を見せてくれた）に感謝した。「わたしは不運に見舞われたのかもしれませんが、生きがいとなるものをたくさん得ました」[7]

ゲーリッグはこの2年後に亡くなった。それまでのあいだに、さまざまな能力を失うという逆境を続けて経験した。「**わたしは生きられるかぎり生きる。避けられないときが来たら、それを冷静に受けとめ、最良の事態を願う。それだけだ**」ゲーリッグがストア哲学の書を読んでいた証拠はないが、わたしはこういう人を**「生来のストア主義者」**と呼んでいる。ゲーリッグは、2000年まえにストア哲学者たちが提唱したことを本能的に理解していたようだ。

障害は人類の希望

理論物理学者のスティーヴン・ホーキングは、1963年、21歳のときにルー・ゲーリッグと同じALSを発症した。ゲーリッグと同じように、能力が次々と失われていった。歩けなくなると、最初はふつうの車椅子で、のちに指で操作レバーを動かす電動車椅子で移動した。手が動かなくなると、頬の筋肉を使った。はじめのうちは話ができたが、年月がたつうちに、もごもごとつぶやくのが精一杯になった。肺炎の発作が起きて気管切開を余儀なくされると、つぶやくことさえできなくなった。この障害を乗り越えるために、助手の助けを借り、カードに書かれた文字を眉毛を上げることによって選んで単語を表した。

科学界における名声のおかげで、ホーキングは直面する逆境に対処できるよう多くの支援を得た。物理学者の友人からエンジニアやプログラマーを紹介され、クリッカーで文章を打ち込めるシステムを開発してもらった。このシステムに、文章を読みあげることができる音声合成装置が加えられた。さらに、1997年、インテルの共同創立者ゴードン・ムーアがある会議でホーキングと会い、自社の社員をホーキングが使っている装置の改良にあたらせた。このようにして生まれた技術は、ほかの障害者の役にも立っている。その意味で、ホーキングを襲った逆境は人類にとって希望の兆《きざ》しとなった。**多くの逆境が希望であるし、その当事者が回復力《レジリエンス》を持っている場合はとりわけそうだと言える。**

障害があるにもかかわらず、ホーキングはインタビューや講演を行うことができた。そういう場面でホーキングが発した言葉は、彼の脳から直接出てきたように見えたかもしれないが、それは幻想だ。文章はすべて事前に用意されていて、ホーキングが「話す」と、コンピューターが一文ずつ読みあげた。ホーキングはイギリス人だが、音声合成装置がアメリカ製だったため、英語にはアメリカ訛《なま》りがあった。また、音声は機械的だった。より人間に近いほかの声も使えるようになったが、ホーキングは、世界が「彼」の声だと受けとめている声を使い続けた。

ゲーリッグは、さまざまな点でホーキングよりもつらい思いをしただろう。ずば抜けた才能を持つアスリートにとって、身体能力は自己概念の核となっていたはずだ。その能力を失うことは、自分自身の重要な部分を失うことになる。一方、ホーキングの自己概念は知能に重きが置かれていたので、身体機能が衰えてもそれを維持できた。また、ホーキングは、ゲーリッグの時代にはなかったテクノロジーの恩恵を受けた。いずれにせよ、ふたりとも多くの人がくじけそうになるような試練に果敢に立ち向かった。だからこそ、野球に関心がない人にも、ブラックホールの理論が理解できない人にも尊敬されるのだろう。

今あるもので、今いる場所で

ゲーリッグやホーキングは最悪の事例だと思うかもしれないが、そうとも言えない。たとえば、閉じ込め症候群を患う人たちはどうだろうか。閉じ込め症候群を患う人たちは意識を保ちながらも、たいがいは瞼以外のすべての筋肉のコントロールを失ってしまう。多くの病気と同じように、突然、こうした状態に陥る。いつもどおり人生を楽しんでいると、どこか調子がよくないと感じはじめる。意識を失って数日あるいは数週間後に目を覚ますと、病院にいる。目は見え、耳も聞こえるが、筋肉が動かない。なにが起こったのか訊くこともできない。脳幹に障害が生じているからだ。脳と身体そのものは問題ないが、脳と身体のコミュニケーションが断ち切られた状態にある。

高校教師リチャード・マーシュもそうだった。病院で目を覚ますと、人工呼吸器につながれていた。医師たちはマーシュが脳死状態にあると考え、本人のまえで病状について話した。そして、マーシュが助かる確率は2パーセントしかなく、助かったとしても植物状態になるだろうと彼の妻に言い、人工呼吸器のスイッチを切ることを望みますか、と訊いた。「やめてくれ」とマーシュは叫んだ。もちろん、声は出せない。話をするための筋肉もふくめ、あらゆる筋肉を動かすことができなかった。幸い、妻はスイッチを切るのを断った。その結果、マーシュは発作から4か月後に退院できた。[8]

閉じ込め症候群の患者のなかでは、マーシュは幸運なほうだった。フランスのエル誌の編集長ジャン゠ドミニック・ボービーは、43歳で脳卒中を起こした。病院で目を覚ますと、首をゆっくり回すことと左目を瞬きすること以外は、身体のどの部分も動かせなくなっていた。右目を閉じることができなかったため、角膜が乾燥して腐敗する危険があった。それを防ぐために、医師は右の瞼を縫合《ほうごう》した。

食事は、飲み込むことができなかったので、胃に管を通して摂取した。想像してほしい。フライドポテトの匂いがするのに、食べられないのだ。最後の食事を覚えているのに、もう二度とそれを、さらに言えばどんなものも食べられない。ものを飲み込めないことはほかにも影響する。ずっとやってきたこと、しかも無意識のうちにやってきたこと、つまり口内に絶えず溜まる唾液を飲み込むことができず、よだれを垂らすようになった。動けず、話ができず、片目だけを開けてよだれを垂らす人を見れば、植物状態だと思われても仕方ないが、ボービーの意識は完全にはたらいていた。それどころか、閉じ込め症候群の状態にありながら、自伝『潜水服は蝶《ちょう》の夢を見る』を世に出した。それは2007年に同じタイトルの映画にもなった。

ボービーは左目の動きでこの本を著《あらわ》した。ほかの人がアルファベットを読みあげ、書きたい文字のところまで来たら、ボービーが瞬きをする。なかには辛抱強くアルファベットを読みあげるのではなく、ボービーが伝えようとする文字や単語を予測しようとする人もいた。けれども、かえって手間がかかった。上手な人は、ボービーが単語や文章を終わらせるのを待ってくれた。文章を推敲《すいこう》するのは大変な作業になるため、ボービーはあらかじめ文章を頭のなかで注意深く組み立てていた。

閉じ込め症候群になる以前のボービーは、ストア哲学を実践していなかったようだが、突然の逆境に対処する方法として「ストア主義を習得する」と書いている。[9] マーシュと異なり、ボービーは退院することができなかった。1997年、倒れてから15か月後に亡くなった。フランスで体験記が出版された2日後のことだった。

ボービーは悲惨な状況にあったが、さらに悲惨にもなりえた。完全閉じ込め症候群の患者は瞼さえも動かせないので、医師には患者が意識を保っているのかどうかがわからず、わかったとしても意思の疎通はできない。それでも一縷《いちる》の望みはある。テクノロジーの進歩によって、閉じ込め症候群の患者が考えるだけで意思疎通ができるようになりつつある。脳に電極を埋め込み、それによってコンピューターに信号を送る。そうすれば、患者はコンピューターのスクリーン上で文字を選ぶことができる。とはいえ、とても時間がかかる。ある女性患者が「タイプ」できたのは1分間にせいぜい1語か2語だったそうだ。それでも、とてもうれしかったという。[10] 彼女がいかに大変だったかに思いをはせれば、パソコンがフリーズしたときに役に立つだろう。

セオドア・ルーズベルト元大統領は自叙伝のなかで、ストア哲学にやや影響を受けたような助言をしている。「**あなたにできることをしなさい。今あるもので、今いる場所で**」[11] これはまさに、ここで紹介した閉じ込め症候群の人たちがしたことだ。彼らは、悲惨だととらえられがちな人生を、勇気ある称賛すべきものに変えた。

悲劇を勝利に変える

逆境に負けない力を見せた最後の例として、ストア哲学者のパコニウス・アグリピヌスについて考えてみよう。紀元67年ごろ、皇帝ネロを公然と批判したアグリピヌスは、自分が裁かれる裁判が元老院で行われていることを使者に伝えられた。アグリピヌスは言った。「うまくいってくれればいいが。だが、今は運動をして、風呂に入る時間だ。それがわたしのすべきことだ」まもなくべつの使者が、アグリピヌスが反逆行為で有罪になったという知らせを持ってきた。「国外追放か？　それとも死刑か？」アグリピヌスは訊いた。「国外追放です」と使者は答えた。アグリピヌスはさらに尋ねた。「アリキアのわたしの土地は没収されたのか？」「いいえ」と使者は答えた。「それでは、アリキアに行って食事をしよう」アグリピヌスは言った。[12]

こうしたふるまいによって、アグリピヌスは忘れられがちな助言を実践している。すなわち、**選択肢が限られているときに、くよくよと思い悩むのは愚かだ**ということだ。選択肢のなかから最善のものを選び、前向きに生きていくほうがいい。そうでなければ、貴重な時間とエネルギーがむだになる。

このように問題に立ち向かった人々の話に対して、わたしは複雑な感情を抱く。涙が出そうになると同時に、多くのことをあたりまえのように思っている自分が情けなくなる。たとえば食料品店の近くの駐車場がすべてふさがっていると、まいったな、と思う。文句を言いつつ少し遠くの駐車場から歩きながら、自分がスティーヴン・ホーキングやジャン＝ドミニック・ボービーが夢に見るしかなかった人生を生きていることを思い出す。すると、なんとも恥ずかしくなる。

その一方でとても励まされる。自分が経験しそうにもない大きな試練に耐えた人、自己憐憫《れんびん》に陥らずに勇気と知恵を持って障害に立ち向かった人たちがいる。彼らは、**みずから に起こった悲劇をみずからの勝利へ変えた**のだ。

4章

回復力《レジリエンス》は習得できる

4章のポイント

・逆境に動じない回復力《レジリエンス》(強靱な心)を持つ人がいる。

・逆境に動じなければ、立ち直る必要さえない。

・回復力《レジリエンス》は「持って生まれる」のではなく、「身につける」ものだ。

・逆境を乗り越える経験は、人を強くする。

悲しみからの回復の理論

これまでの章では、回復力《レジリエンス》のさまざまな例を見てきた。しなやかで強靱な心を持った人々がいる。彼らは、逆境に見舞われてもすぐに立ち直る。あるいはさらにすばらしいことに、**逆境にも動じない。つまり、立ち直る必要さえない**。強く、勇敢に見える。その一方で、傷つきやすい人々がいる。彼らは逆境にいらだち、憤り、落胆さえする。そのため、不幸に陥りやすく、友人や身内には気の毒がられても、称賛されることはない。

すべての人が強靱な心を持っていないのはなぜだろうか。だれもが持てるわけではないからというのが、簡単でだれにもわかる答えだろう。自分で自分の目の色を決められないのと同じで、ある程度は「生まれつき備わった」ものだ。運よく、回復力《レジリエンス》を持って生まれた人もいれば、そうでない人もいる。

ただし、この答えはまちがっている。もし、目の色のように、「回復力《レジリエンス》を持って生まれた」人がいるとしたら、そうした力は目の色と同じように、代々受け継がれていくはずだ。両親の目が茶色なら、子どもたちもそうなる可能性は大きい。けれども、この力についてはそうしたことが起こらないのは、近年の歴史が示している。

第二次世界大戦下のロンドンを考えてみてほしい。ロンドンは絶え間ない空襲にさらされた。開戦まえ、専門家は、空襲にあった人々は極度の苦痛を経験し、戦意を喪失すると予測した。ヒトラーもそれを狙った。ところが、まったく逆のことが起こった。イギリスの人々は「平静を保ち、ふだんの生活を続けよ」という助言を心に刻み、先人たちに倣《なら》って、くじけずにがんばった。

しかし、70年たって状況は変わった。彼らのひ孫たちは、概して逆境に強くない。イギリス人がそうなのだから、アメリカ人はなおさらだ。どうしてこうなったのだろう。なにが起こったのだろうか。

あらゆる社会変動がそうであるように、この複雑な現象には多くの要因がある。そのひとつは1969年に発行された書籍『死ぬ瞬間』だと言えるだろう。ベストセラーになったその書のなかで、著者であるエリザベス・キューブラー＝ロスは、否定、怒り、取引、抑うつ、受容という悲しみの5つの段階を記した。これは終末期の患者が一般的にたどるプロセスであり、悲しみにうまく対処するためには経なければならないものだ、とロスは言う。

ロスはその後、この悲しみからの回復の理論を、身内の死、離婚による配偶者との別れ、失業のような逆境もふくめるように拡大した。その提案は多くの人を励まし、逆境をひとりで乗り越えようとするのは危険だという考え方が生まれた。それが一因となって心理カウンセリングブームが起こり、20世紀が終わるころには、大きな災害が起こると、生き残った人々の助けになろうと、大勢のカウンセラーが痛ましい事故の現場に足を運ぶようになった。

「徳」は奪われない

人々が持つ回復力《レジリエンス》を弱くしたのは、心理学者だけではなかった。政治家にも責任がある。政治家は、逆境の多くは有権者の責任ではない、と主張しはじめた。あなたたちが苦しんでいるのは、不公平で不完全な社会のせいだ、と。「邪悪で愚かな人間があなたを苦しめている。わたしに一票を。わたしが社会を正す」

人々が不公正の標的になりうる、という政治家の考えはたしかに正しい。人々が直面する逆境の多くが不当な扱いを受けた結果だ、というのもまちがってはいない。けれども、政治家がこうした人々のことを、不公正の「標的」ではなく「犠牲者」だと言ってしまうのは残念なことだ。多くの人がそのレッテルをすぐに受け入れてしまう。犠牲者となることで、うまくいかなかった人生の多くの面における責任から解放される。また、特別扱いされる権利も得られる。たとえば、犠牲者には立ち直るための時間と空間、さらに金銭的補償といったものが必要だ、といった具合に。一方で、犠牲者の役割を演じることは、不当な扱いを受けた結果として経験した苦痛をさらに増すことになるかもしれない。それでは、人々の気持ちは救われないだろう。

回復力《レジリエンス》を持つ人は、犠牲者の役を演じようとはしない。犠牲者の役を演じれば憐れみを誘うが、回復力《レジリエンス》を持つ人は自分を哀れだと思っていない。強く、有能なのだ。不公正の標的にされることは自分ではコントロールできないかもしれないが、標的とされたことにどう対処するかはコントロールできる。自分の人生を台無しにすることもできるし、果敢に立ち向かい、不当に押しつけられた障害を切り抜ける方法をさぐりながら、楽観的でいることもできる。

おめでたいと思われるかもしれないが、古代のストア哲学者の多くはそうやって不正に対処した。哲学者は、みずからの発言のせいで時の権力者とのトラブルに巻き込まれやすかった。すでに紹介したパコニウス・アグリピヌスもそうだ。トラセア・パエトゥス、ルベリウス・プラトゥス、バレア・ソラヌスや、彼らにストア哲学を説いたムソニウス・ルフスなど1世紀の哲学者たちもだ。彼らは逆境に直面しながらもすばらしい勇気を見せた。

ムソニウス・ルフスは一度ならず二度までも流刑になり、二度目はエーゲ海に浮かぶ荒れ果てたギャロス島に追放された。それでも意気消沈することも落胆することもなく、訪ねてきた者に不満をこぼすこともなかった。その後、流刑は自分たちのいちばん大事なものを奪うことはできない、と語っている。国外追放は、勇気、自制心、知恵、その他の徳を奪うものではない。[1] さらに、そうした経験から得られるものもある。たとえば、シノペのディオゲネスは国外に追放されたことによって、ただの人から紀元前4世紀のもっとも魅力的な哲学者へと変わった。[2] また贅沢三昧《ぜいたくざんまい》で健康を害していた人が、流刑の結果、健康を取り戻した例もある。[3]

ネルソン・マンデラやマハトマ・ガンディーが犠牲者としてふるまっていたら、世界はどれほどちがっていたか。より正確に言えば、もし彼らが、逆境に立ち向かうことは精神的なリスクが大きいし、自分がそんなことをしなくてもいいと考えるように育てられていたらどうだろうか。おそらく、目のまえで繰り広げられる不公正にあれほど勇敢に対処することはなかっただろう。状況にいかに対応するべきかの助言を求めてセラピストの予約をとるか、議員に心情を訴えるのがせいぜいだったにちがいない。

失われた回復力《レジリエンス》を取り戻す

20世紀の終わりごろには、多くの大人がみずから進んで犠牲者の役割を演じた。同時に多くの子どもが、人生で直面する問題にみずから立ち向かうべきではないし、また立ち向かうことはできないと信じるように育てられてきた。

1990年代と2000年代の親たちは、心理学者の勧めに従って、わが子を逆境から守ろうと懸命に努めた。事故が起こらないよう子どもたちの遊びを監視し、それでも事故が起こると、その結果、生じた混乱を子どもに対処させず、親が処理してしまう。同様に、子どもたちにもめごとが起こると、子どもたちに解決させずに調停に入った。

こうした過保護な親は、子どもに失敗を経験させないよう対策も講じた。成功体験が多い子どもは成功することに慣れ、それゆえ将来はさらに成功する可能性があるということらしい。そのせいで、競争があるはずのイベントでも、もはや勝者も敗者も存在しない。

全員が勝者で、全員がトロフィーを手にする。多くの学校で落第をなくし、試験を受けた者は全員及第にし、高校は4年間在籍すれば卒業できるようになった。

大学出願の際には、提出する「身上書」を親が代わりに書いた。[4] こうした過干渉な親は、わが子がその後大学で優秀な成績を収めることを楽しみにしただろう。親は必死に勉強してお情けの及第点をもらったが、子どもはたいして努力もせずにAやBをもらうことができる。それは育児戦略がうまくいった証拠だ。そう信じて。[5]

たとえばジョンという人の一生を想像してみよう。ジョンは大人たちが努力してくれたおかげで、子ども時代に挫折をほとんど経験したことがない。温室育ちの日々は快適だ。その一方で、挫折に対処するスキルを育てるチャンスを奪われる。そうしたマイナス面は、親元を離れるまでわからないのだろう。

大人になったジョンは、つまずいても立ちあがる力がないかもしれない。それどころか強い憎悪と絶望感を抱くかもしれない。失敗を成功への足掛かりと考えることもなく、ただ心に深い傷を負うだけだろう。ジョンはまた、周囲の人が自分を怒らせないように気を遣《つか》ってくれているにもかかわらず、彼らの言動にすぐ腹を立てるかもしれない。そうした理由から、彼らは（内心では）ジョンを精神的に不安定だと考える。さらに言えば、ジョンが社会的な正義を熱心に訴えたとしても、次のマーティン・ルーサー・キングになることは想像できない。そのような役割を果たすには、自信や内面の強さが必要だ。ジョンにはそうした資質が欠けている。

もしジョンの曽祖父母が今も生きていたら、彼のふるまいをどう思うだろうか。第二次世界大戦下で、曽祖父母らはおそらく多くの逆境に直面し、それでも戦わなければならなかったのではないだろうか。生きていることのありがたさを感じながら、以前よりも強く、まっとうな人間として試練に立ち向かったのだろう。ところが彼らのひ孫は、平和で豊かな時代に暮らしているのに、不幸で傷つきやすい。

読者のみなさんのなかにも、ジョンのような子ども時代を過ごしたせいで、回復力《レジリエンス》を持ちあわせていない人がいるかもしれない。もしあなたがそうなら、曽祖父母と比べたのは、気まずい思いをさせたいからではなく、励ますためだということをわかってほしい。回復力《レジリエンス》が目の色のように生まれながらの資質だとしたら、あなたもそれを受け継いでいるだろう。その力を持ちあわせていないなら、それは生まれつきの資質ではないという証拠であり、自転車に乗ったり、外国語を話したりするのと同じように、習得できるものだということになる。つまり、**回復力《レジリエンス》は身につけられるのだ。そのためには努力が必要だが、**

人生の質に劇的な改善をもたらすだろう。そこで、第2部では、回復力《レジリエンス》を身につけるにはどうすればよいかについて、ストア哲学者の助言に耳を傾けてみよう。

第2部

理論編

感情はコントロールできるか

第2部では、ネガティブな感情を
コントロールする具体的な理論を解説する。
古代のストア哲学者の実践を振り返り、
それらを現在の目で見ると、
「ネガティブ・ビジュアリゼーション」
「アンカリング」「フレーミング」
といった、20世紀後半の心理学の手法を先取り
している。
実験に裏付けられた
感情のコントロール法を身につけよう。

5章

プラスの感情とマイナスの感情

5章のポイント

・人間には、合理的な顕在意識と、非合理的な潜在意識がある。
・潜在意識は、逆境を不当な苦難だと認識しがちだ。
・潜在意識は、逆境をだれかのせいにしようとする。
・潜在意識をコントロールすることは人間の生涯における課題である。

潜在意識のはたらきを知る

わたしたちには、心と身体がある。そういう意味ではふたつに分かれた存在だ。さらに心には**顕在意識**と**潜在意識**がある。顕在意識は表層に現れているため、そのはたらきはよくわかるだろう。けれど、潜在意識のことはよくわからないかもしれない。

潜在意識のはたらきをとらえ、その存在を証明するために、瞑想《めいそう》をしてみよう。5分間座ることができる静かな場所を見つけてほしい。横になれればさらによい。そのあいだ、目を閉じ、なにも考えないようにする。つまり、考えるのをやめてみる。とても難しいことがわかる。さまざまな考えが浮かんでくるのではないだろうか。それは潜在意識によって植えつけられたものだ。

顕在意識が合理的なのに対して、潜在意識は非合理的にはたらく。奇抜な発想もする。夢がそうだろう。好ましくない影響も受ける。たとえば不要なものを買ってしまうときは、広告主がうまく潜在意識にその製品を植えつけ、それが顕在意識にはたらきかけた結果だと考えられる。

わたしたちの行動を取り仕切るのは合理的なはずの顕在意識だと思うかもしれないが、そうではない。それどころか、顕在意識は進んで潜在意識のいいなりになっているようでもある。たとえば、論理的思考を用いて不動産ローンという重荷をいかに減らすかを考えるべきときなのに、絶対に必要だと潜在意識に説得されて、高価な車を買うためにどうやったらうまく資金調達できるかを考えようとしたりする。

潜在意識の力はどこから来るのだろうか。潜在意識は、簡単に言えばズルをしている。顕在意識が潜在意識の提案を退けようと分別ある理由を示しても、潜在意識はくり返し、同じ提案をする。そう、何度も、何度も。夕食後にふた切れ目のケーキを食べてしまうのもそれが理由だ。じつのところ、ひと切れ目もいらなかったのに。ビールを1杯飲むと、つい喉が渇いていてもう1杯飲んでしまうのもそうだ。1杯目のビールのアルコールが脳にはたらきかけ、しつこくせがむ潜在意識に顕在意識が抵抗できなくなり、つい「もう1杯だけ」飲みたくなる。

あるいは、潜在意識はあなたが寝るのを待って、ある考えを授けようとする。あなたはその考えを追い払って眠ろうとするが、それがまた戻ってくる。その結果、太陽がのぼるころには、睡眠を奪われた顕在意識は降参し、潜在意識を黙らせるためになんでも言うことをきくようになる。

潜在意識による犯人捜し

逆境に直面したとき、潜在意識はその原因を追求し、だれかのせいにしようとする。非難の的を見つけて、その人の悪意ある動機によるものだったことにしたがる。**潜在意識は、逆境を不当な苦難だととらえがちだ。** さらに、不当な扱いを受けたことをあなたに納得させようとする。潜在意識を抑えようとしないかぎり、やがて感情が潜在意識の解釈を支持して高ぶる。潜在意識がしつこくまとわりついて顕在意識を従わせようとする一方で、感情はみずからの要求を声高に叫ぶ。その結果、逆境にあうと、潜在意識が非難の的に決めた人をいつの間にか怒鳴りつけているということになる。

つまり、逆境に直面すると、顕在意識は、潜在意識とそれを援護する感情の両方から、二重の攻撃を受けることになる。そのため、明晰《めいせき》な思考をしようとしながらも、二流の解決策しか思いつかない。さらに悪いことに、一度刺激された感情は抑えるのが難しく、引き金となった逆境を乗り越えたとしても、人生がその後もずっとかき乱され続けるかもしれない。**感情と潜在意識をコントロールすることは生涯にわたる課題だ**と言える。感情と潜在意識は子どもとはちがい、決して成長しないのだから。

「ストイック・テスト戦略」とは

感情と潜在意識が人生において果たす役割に腹が立つだろうか。感情と潜在意識のせいで世界に対処する能力は損なわれ、ことのほか生きづらくなる。古代のストア哲学者は世界でもっとも古い理論家であり、きわめて合理的だったので、潜在意識のはたらきを止め、感情を抑えつけようとしたのだろうと思うかもしれない。ところが、そうではなかった。

まず、彼らは**潜在意識には利点がある**ことを理解していた。たとえば、潜在意識は、ボディランゲージや表情を読むことができる。そのおかげで、あの人は信用できないという**第六感**がはたらき、だまされずにすむ。また、潜在意識は**倫理観**を持っている。勇敢な人助けの多くは、理性的な分析の結果ではなく(そもそもそんな時間はない)、今、なにをするべきかという倫理的直感によってなされている。[1] 潜在意識はまた、**創造の源**となる。画家、作家、数学者、科学者、発明家のひらめきは、潜在意識から生まれる。[2] 詩神《ミューズ》は——もし詩神が存在するなら——潜在意識のなかに存在する。

潜在意識が数学者や科学者や発明家にひらめきを与えるということは、潜在意識には**豊かな想像力**だけでなく、**判断力**もあることを示している。たしかに、潜在意識には判断力がある。ただし、顕在意識の判断力とは少し異なる。潜在意識は水平思考を好み、冷静で理路整然とした顕在意識にはできない意外な思考同士の組み合わせをさぐろうとする。

ストア哲学者は感情を抑えつけていたわけではない。それどころか、楽しい、うれしいといったプラスの感情や畏怖《いふ》の念を大事にした。そうした感情がなければ、生きることは味気なく、無意味なものだとわかっていたのだろう。それと同時に、いらだち、怒り、悲しみ、失望などのマイナスの感情を減らそうと努めた。

そこで、彼らは逆境を**「ストア主義者にとってのテストととらえる」という戦略、すなわち「ストイック・テスト戦略」**を用いることにした。そうすることで、逆境はただの不当な苦難ではなく、想像上のストア哲学の神々が、わたしたちの創意工夫と回復力《レジリエンス》を試しているのだととらえることができる。テストに合格するには、逆境にうまく対処するだけでなく、マイナスの感情が湧きあがるのを防がなければならない。

逆境を「ストイック・テスト」ととらえれば、潜在意識が逆境に反応してしまうパターンから抜け出すことができる。より正確にいえば、逆境を他人のせいにする、つまり、だれかに利用されたり、傷つけられたりしたと潜在意識が考えるせいで、感情が乱れるのを防ぐ。そうすれば、逆境から被る損害を大きく減らし、問題に思慮深く立ち向かえるようになるかもしれない。

ストイック・テスト戦略によってそれが可能になるなら、逆境に立ち向かうために、そのテクニックを用いてみる価値はあるだろう。賢明に用いれば、マイナスの感情を避けるだけでなく、自負心、充足感、もしかしたら喜びといったプラスの感情も抱くことができるかもしれない。言いかえれば、**逆境という酸っぱいレモンをレモネードに、さらにはレモン・メレンゲ・パイに変える方法**を見つけたことになる。

逆境をストア主義者にとってのテストとしてとらえるテクニック、そしてその考え方を発展させたことは、ストア哲学最大の功績だろう。残りの章ではこのテクニックの詳細を明らかにし、いかに用いるかをさぐっていきたい。とはいえ、まずはこのテクニックの中心にあるふたつの心理現象、「アンカリング」と「フレーミング」について理解することが役に立つだろう。これらの現象は、ストア哲学者がみずからの生き方や哲学のなかで用いてから2000年後の20世紀後半になって「発見」された。

6章

「アンカリング効果」で「感謝」が芽生える

6章のポイント

・事前の情報という「錨《アンカー》」が、潜在意識の推測に影響を与える。
・ストア哲学者は、人生が今よりもつらいものになる場合を想像した。
・なにかを失うことではなく、はじめからない状況を想像しよう。
・逆境は「今」があたりまえのものではないと気づかせてくれる。

潜在意識に錨《アンカー》を沈める

1974年、心理学者のエイモス・トベルスキーとダニエル・カーネマンはルーレット盤を使った実験を行った。[1] 盤の上には1から100までの数字が並んでいるが、じつは仕掛けがあり、10と65しか出ない。ルーレットは実験参加者のまえで一度しか回さない。参加者にはまず、国連加盟国に占めるアフリカの国の数の割合はルーレットを回して出た数より大きいか、それとも小さいかと質問し、次に、では何パーセントだと思うか、と尋ねる。

ルーレットで10の数字が出た参加者は、国連に加盟しているアフリカの国の割合を平均で25パーセントと推測し、65の数字が出た参加者は平均で45パーセントと推測した。これはきわめて奇妙なことだ。ルーレット盤で出る数字と国連に加盟しているアフリカの国の割合とはまったく関係がない。それでも、ルーレット盤に出た数字は明らかに参加者の推測に影響を与えた（1974年の時点で国連に加盟しているアフリカの国の割合は全体の39パーセントだった）。

これによく似た実験を行うために、心理学者フリッツ・シュトラックとトーマス・ムスワイラーは参加者をふたつのグループに分けた。[2] 第1グループでは、マハトマ・ガンディーが亡くなったときの年齢は9歳より上か下かと質問し、次に何歳で亡くなったと思うかを尋ねた。第1グループの答えの平均は50歳だった。第2グループでは、同じく140歳より上か下かと質問し、亡くなった年齢を尋ねた。第2グループの答えの平均は67歳で、第1グループより17歳上だった。もちろん、ガンディーは9歳より長く生きてさまざまなことを成し遂げた。また、当然、140歳よりまえに亡くなった。人間はそこまで長くは生きられない。ある年齢より上か下かという質問が、ガンディーの死亡年齢の推測にこれほど大きな影響を及ぼすことに驚かされる（ガンディーは78歳で亡くなった）。

これらの例は、「**アンカリング効果**」として知られる現象を表している。カーネマンとトベルスキーの実験では、仕掛けをしたルーレット盤の数字が参加者の潜在意識に「錨《アンカー》」として沈められ、参加者の考え方に影響を与えた。シュトラックとムスワイラーの実験では、ガンディーの年齢について上か下かを問うことが同様の役目を果たした。どちらの実験でも、参加者の顕在意識には合理的推測をするための十分な情報がなかったが、参加者はわからないとは言わずに、潜在意識に発言権をゆずり、潜在意識は喜んで応じた。ところが、**潜在意識による推測は沈められた錨でゆがめられていた。**

企業は製品やサービスを売るのにアンカリングを使う。衣料品店がシャツを販売するにあたり、店長には価格設定の選択肢がふたつあるとしよう。プランAは1枚32ドルの価格をつける。プランBは1枚40ドルの価格をつけ、20パーセントの割引セールをしばしば行う。どちらの場合も客はシャツを32ドルで買えるものの、プランBには客の潜在意識に定価が40ドルという「錨」を沈められる心理面での利点がある。そのため、セールが行われると客は40ドルのシャツをわずか32ドルで買えるという印象を抱く。この印象のおかげでさらに何枚か買いたいと思い、シャツがさらに売れる。それに加えて少量ながら定価の40ドルで買う人もいるので、プランBのほうがプランAよりも儲《もう》かることになる。[3]

ネガティブ・ビジュアリゼーション

古代のストア哲学者たちは、こうした心理学者や企業よりもさらに進んでいた。彼らはシャツを売るためではなく、より満ち足りた人生を送るためにアンカリングを使った。たとえば、**定期的に、人生が今よりもつらいものになる場合を想像する**ようにした。最悪の事態を想像し、潜在意識に錨を沈めれば（このような心理学の用語を使っていたわけではないが）、みじめになるだけのように思うかもしれないが、じつはその反対のことが起こった。錨があることによって、現状をどうとらえるかが変わる。現状をしばしば夢に見る最高の状況と比較するのではなく、より悪い状況と比較すれば、現状もそれほど悪くないと思えるようになった。

これは現代では**「ネガティブ・ビジュアリゼーション」**と呼ばれる、ストア哲学のツールのうちの、もっともすぐれた心理学的手法だ。とはいえ、状況が悪くなることをつねに考える必要はない。それでは本当にみじめになってしまう。人生や境遇が今よりも悪いものになりうることを、一瞬のあいだ定期的に考えるだけでいい。

ネガティブ・ビジュアリゼーションの練習として、親友が亡くなったという電話を受けることを想像してみよう。何秒かかけて、その可能性を潜在意識に沈める。たとえば、親友の葬儀に参加するといった場面を想像すれば、それもネガティブ・ビジュアリゼーションの要素になる。それから、いつもの生活に戻る。今度、その親友に会ったとき、親友がまだ存在してくれていることに喜びが湧きあがるかもしれない。ほんの一瞬でも、親友が生きていることを当然のように思うのをやめたおかげだ。

さらに、ネガティブ・ビジュアリゼーションの練習として、数秒間、目を閉じ、色彩感覚がなくなったと想像してみよう。世界はすべて灰色になってしまった。それから、目を開ける。周囲をまったくちがった気持ちで見ることができるだろう。これまでの人生であたりまえのように見てきた色の美しさがあらためてわかるようになり、うれしくなる。

色覚異常のある人はこの練習はできないが、心配はいらない。色覚異常でなく、目が見えなくなったと想像してみてはどうだろう。闇の世界に暮らすあなたは、バラの花も愛する人の顔も見えない。想像するだけでなく、実際にやってみよう。目を閉じて、どれだけそのままでいられるだろうか。ふたたび目を開けたとき、感謝の気持ちがあふれると思う。

また、完全に視力がない人にもネガティブ・ビジュアリゼーションは役に立つ。目が見えない人は、おそらく本書を点字で読むか、朗読の録音を聞いているだろう。そうであれば、点字や録音が存在するまえの時代に生きていると想像してみる。そうした環境では、本を読んでくれる人を探さなければならない。そうでなければ、文学の世界から切り離されてしまう。ありがたいことに、今はそういう時代ではない。それは幸せなことではないだろうか。

なにかを失ったらどんなにつらいかを考えるのではなく、その**なにかがはじめからな**

かったらどうだったかを想像してみよう。紀元1世紀のローマの女性マルキアは、息子の死後3年たっても深い悲しみに暮れていた。セネカはマルキアにこう助言した。息子さんの人生が終わったことを嘆くのではなく、息子さんが生きているあいだにあなたの人生において果たしてくれた役割に感謝しなさい。[4]

「あたりまえの今」は恩寵だ

ネガティブ・ビジュアリゼーションは仰々《ぎょうぎょう》しく行わなくていいし、時間をかける必要もない。わずかな時間で、ほとんどどこででも、お金をかけずに実践できる。この手軽なテクニックには、驚くほど大きな力がある。これを（想像上の）ストア哲学の神々が人間に授けた贈り物だと考えよう。

また、これほど大きな力のあるテクニックが簡単に学べるのもすばらしい。山奥にこもって導師から学ぶ必要もないし、熟練するまでに何年も修行を積む必要もない。椅子に座って――できれば心地のよい椅子に――**ここまでの数段落を読むだけで、このテクニックから恩恵を得るために必要なことはすべて学べる。**すでに紹介した練習をするだけでも、もう恩恵を受けているかもしれない。

わたしたちは今の状況をあたりまえのものだと思いやすい。そのため、しばらく悪いことが起こらなければ、ストア哲学の実践に無関心になり、ネガティブ・ビジュアリゼーションを忘れてしまうかもしれない。わたしにもそういうことがよくあった。幸い、ストア哲学の神々は今の状況がどれほど悪くなりうるかをわたしたちに考えさせようとする。逆境はそのために訪れ、わたしたちにとって恩恵になる。次章でくわしく説明するとおり、逆境を的確な枠組《フレーム》みでとらえれば、人生や境遇にあらためて感謝するきっかけとなるからだ。

ちょっとした努力と賢さがあれば、どんな闇にも一条の光を見出すことができる。どんなにひどい状況にあっても、それよりさらに悪くなることがありうると考えるだけで、感謝の気持ちが生まれる。

7章

「フレーミング効果」で「楽観的」になる

7章のポイント

・人間は完全に合理的なわけではない。
・潜在意識の選択は、選択肢の「枠組み《フレーム》」に影響される。
・「枠組み《フレーム》」を意識的に変えればマイナスの感情を避けられる。
・効果的な「枠組み《フレーム》」の事例から学ぼう。

楽観的で陽気なストア主義者

古代のストア哲学者が用いた、もうひとつの興味深い心理的現象がフレーミング効果である。現代の心理学者はそれを再発見し、研究しているにすぎない。フレーミング効果とは、序章でも触れたが、ものごとを解釈する際の枠組《フレーム》みによってそのものごとに対する印象が変わることをいう。アンカリングが人生に感謝をする助けとなる一方で、フレーミングは、逆境によって起こる心の乱れを防ぐ。出来事を賢くとらえれば、その経験を歓迎するようにさえなるかもしれない。突拍子もないことを言っていると思うだろうか。それでは、説明させてほしい。

まず、次のような質問をしよう。あなたは医師から深刻な病気であると告げられ、治療の選択肢をふたつ示された。ひとつは1か月の生存率が90パーセント、もうひとつは1か月以内の死亡率が10パーセントだ。どちらの治療法を選ぶだろうか。

多くの人が、高い生存率を理由にひとつめを選ぶだろう。けれど、よく考えれば、1か月の生存率90パーセントと1か月以内の死亡率10パーセントは同じである。完全に合理的な人であれば、どちらの治療法も同じように魅力的だと思うはずだ。ところが、**人間は完全に合理的ではない。**とりわけ選択肢がどう枠組《フレーム》みされているかに影響されるため、同じことであっても、生存という枠組《フレーム》みの選択肢のほうが、死という枠組《フレーム》みの選択肢よりもよいものだと思う。高度な訓練を積んだ医師でさえ、フレーミング効果の影響を受ける[1]。

ストア哲学者は、フレーミングの力を十分に理解していた。とはいえ、フレーミングという言葉を使っていたわけではない。エピクテトスは言った。「あなたが望まないかぎり、他者があなたを傷つけることはない。**あなたが傷つくのは、傷ついたと認識したときだけだ**[2]」こうも述べている。「**心を乱すのは出来事ではなく、出来事に対する評価である**[3]」セネカも同じように考えていた。「不正はいかに行われたかではなく、いかにとらえられたかが重要である[4]」マルクス・アウレリウスも同様のことを言っている。「あなたがなにかの外的な原因で悲しんでいるなら、その痛みは原因自体ではなく、それに対するあなたの評価のせいだ。その評価はあなたの力ですぐに取り消すことができる[5]」つまり、潜在意識はマイナスの感情を呼び起こすような枠組《フレーム》みで出来事を意味づけようとするが、そうした傾向は枠組《フレーム》みを意識的に変えれば弱められることをストア哲学者は知っていたのだ。

人生を、日々の出来事を絵にして飾ったアートギャラリーだと考えてみよう。わたしたちは、どういう絵を飾るかの選択については限られたことしかできない——すなわち、人生になにが起こるかはコントロールできない。しかし、どういう額縁《フレーム》に入れるかについては大きな裁量を持っている。額縁によって絵は驚くほど変わって見える。不快に見えた絵も、額縁が変わればすばらしいものに思えるかもしれない。**楽天主義者は人生という絵を美しく見える額縁に入れ、悲観主義者は醜く見える額縁に入れる**習慣がある人だと言えるだろう。

ストア哲学者は、しばしば感情を持たない木彫り人形のようだと揶揄《やゆ》される。けれども、それは事実とはちがう。彼らは、楽観的なだけでなく、陽気だったことでも知られている。生気にあふれ、多くが周囲から敬われ、愛されていたようだ。彼らが人を惹きつけたのは、ひとつには、ものごとの明るい面を見る傾向があったから、すなわち人生から与えられた絵を美しい額縁に入れたからだ。

顕在意識と共闘する

逆境はさまざまに解釈できる。その絵を納める額縁はいろいろある。にもかかわらず、わたしたちの潜在意識は、逆境を他人のせいにし、その人が故意に、しかも悪意を持ってやったと考えがちだ。これを**「非難のフレーム」**と呼ぶことにする。そうした潜在意識の動きによって、感情が刺激され、怒りが湧き起こる。たいしたこともない出来事が、苦しい体験に変わる。

幸い、顕在意識には、潜在意識のはたらきを弱める力がある。とくに、逆境に対してちがう説明を思いつけば、偏りのないフレームに、さらには美しいフレームに入れられる。そのようにしてマイナスの感情を防げるばかりか、プラスの感情を抱くことさえできる。そこで、顕在意識に役立つフレームについて考えてみよう。

実践——フレーミング効果

●相反する義務のフレーム

手に入れたいと思うものを与えてくれない人がいるとする。それに対して潜在意識は、「あの人はわたしに意地悪をしている」という非難のフレームを用いる。その結果、腹が立つ。けれども、ちがう説明もありうるだろう。その人は責任でがんじがらめになっていて、あなたの要求に応えてしまったら、本来それをもらうべき人に与えられなくなるかもしれない。そうだとしたら、あなたがそれをもらうのはまちがいだし、もらえないからといって怒るのは理に合わない。この**逆境を「相反する義務の結果」というフレームにはめれば、マイナスの感情の多くを防げる。**

●能力不足のフレーム

ホテルの予約が通っていなかったとする。予約を受け付けたはずの従業員は故意にやったのかもしれないが、おそらくはただ能力不足だったのだろう。従業員の悪意ではなく「能力不足の結果」としてとらえよう。そうすれば、**湧き起こる感情は怒りではなく、憐みになる**かもしれない。

●物語のフレーム

逆境に陥ったら、将来それをどう語ろうかと考えてはどうだろう。どんなにいらだったか、人々がどんなに卑劣で愚かか、世のなかがいかに不公平かという話になるかもしれない。言いかえれば、とても退屈で、本質的には、だれもがこれまでに何百回と聞いてきたものだ。とはいえ、少し努力すれば、あなたのふるまいによって、興味深いだけでなく、聞き手の励みになる話を「描く」ことができる。

将来どう語るかを考えれば、逆境によって被った痛みの多くを取りのぞける。どんなに不当な扱いを受けているかではなく、物語の結末を満足いくものにするために、なにをすべきかに注意が向けられるからだ。さらに、事態が思いがけない展開を見せれば、それ以上、怒りを感じることなく、感謝さえするかもしれない。しかも、物語に興味深い趣向が加わる。

ここで注意してほしいことがある。物語のフレームを使うというのは、状況に腹を立て、取り乱したにもかかわらず、いかにうまく対処したかという話をでっちあげることではない。あくまで真実を語らなければならない。物語のなかのあなたが有能で、回復力《レジリエンス》を持っていることを示すには、実際に回復力《レジリエンス》を持ち、状況に有能に対処しなければならない。

また、エピクテトスのようなローマ時代のストア哲学者は、たとえ物語のフレームを用いたとしても、「描いた」物語をほかの人に話すことはなかっただろう。**物語のフレームを使ういちばんの目的は、逆境のあとにマイナスの感情を抱かないようにすること**であり、その目的は、物語を語る機会が訪れるころには達成されているからだ。もし語ることがあるとしたら、それは、次のふたつの理由のどちらかのためだろう。ひとつは、聞いてくれる人たちに、これまでに直面した、あるいはこれから直面するかもしれない逆境の対処法に気づいてもらうため。もうひとつは、逆境に対して必ずしもマイナスの感情を抱かなくてもいいことを悲観的な人に示すためだ。それどころか、プラスの感情を抱くことさえできる。すばらしいことだ、と。

エピクテトスは、自分が有能であり、回復力《レジリエンス》を持っていることを印象づける目的で、物語を話すことはなかっただろう。自分自身やローマ時代のほかのストア哲学者が生きる指標としていた価値観が一般的でないことは、十分に承知していたはずだ。ほとんどの人が富と名声に価値を置いていたのに対し、[6] ストア哲学者の人生における第一の目標は、平静であること、平静であり続けることだった。つまり、マイナスの感情を避け、プラスの感情を楽しもうとした。エピクテトスはまた、人が他者を判断するときは、相手の価値観ではなく、自分の価値観に従うべきことも理解していた。そのため、分別あるストア派たる者、ストア主義者以外からの賛辞は無視すべしとの考えから、わざわざ自分の物語を語って称賛を得ることに意味を見出さなかっただろうと思う。

エピクテトスは、ストア主義者以外の賛辞を、ある意味、ストア派としての成長の逆指標ととらえるべきと考え、「**人からたいした人物だと思われているなら、自分を信じてはいけない**」[7]とまで述べている。同様に、自分に対する批判は、ストア哲学の実践者として正しい道を歩んでいる証拠だと思っていただろう。あまのじゃくのように聞こえるかもしれない。けれども、まわりの不幸な人に目を向けてみるといい。彼らの価値観を取り入れ、それに沿って生きれば、たしかに称賛を得られる。彼らは簡単にそうしてくれるだろう。あなたを称えれば、間接的に自分自身を称えることになるのだから。一方、彼らの価値観を共有すれば、その不幸も共有することになる。

●喜劇のフレーム

だれかに不当に扱われたら、「**笑い、それも多くの笑いは、わたしたちを泣かせるものを追い払う**」[8]というセネカの言葉を思い出してほしい。セネカはソクラテスもこれを実践していたと述べている。ソクラテスは拳固《げんこ》で殴られたとき、怒ることなくこう言ったそうだ——出かけるときに、まえもって兜《かぶと》をかぶるべきかどうかがわからないのは残念である。[9]

わたしは、ペルーのマチュピチュを観光中に、逆境にユーモアで応じるすばらしい例を知った。ガイドが、数年まえにオーストラリアの旅行客のグループを案内して、アンデス山脈のインカ道《トレイル》を歩いたときのことを話してくれた。山道を歩き終えた一行は、近くのアグアスカリエンテスという町へ戻った。そこから列車でクスコまで移動し、飛行機で帰国する予定だった。ところがウルバンバ川の増水により、列車が何日も動かないことがわかった。つまり、旅行客たちはアグアスカリエンテスに足止めされることになる。ガイドがそのことを告げると、一行は黙り込んだ。そのとき、ひとりがすばらしいことを言った。「それならビールを飲みに行こう」みんなが笑い、近くのバーへ出かけた。

逆境にユーモアで応じたことによって、そのオーストラリア人は自分が憤るのを防いだだけでなく、グループの雰囲気も決めた。みんなが不満をこぼしてもおかしくなかったのに、それを効果的に封じ込めた。ビールを飲みに行こうという提案に対して、ほかの人が「もっといい考えがある。ここに残って、世のなかの不条理を嘆こう」と言うのは難しかっただろう。さらに、ビールを飲みに出かけたことで、アグアスカリエンテスで足止めを喰らったという逆境を、将来、友人に話すことができるすばらしい物語に変えられた。

ユーモアは、侮辱されたときにも役に立つ。[10] 侮辱されて腹を立てる人は多い。侮辱は逆境になる。それでも、**侮辱には笑いで応じればいい**。そうすれば、怒りを未然に防ぎ、さらに相手を愚か者のように見せることができる。言葉でわたしたちを傷つけようとする相手を笑い飛ばそう。

笑いはまた、個人を襲う災難にも効果を発揮する。3章に登場した映画評論家のロジャー・イーバートはそれを理解していた。重要なビジネスを立ちあげたマイケル・キュービスもそうだ。キュービスは陽気で健康な元軍人だった。40歳のとき、重度の脳溢《のういっ》血《けつ》を起こした。閉じ込め症候群によって身体の自由を奪われながらも本を執筆したジャン＝ドミニック・ボービーほどではないが、後遺症によって日々の活動を著しく制限された。それでもふさぎ込むことなく、洗練されたユーモアでみずからの状況を滑稽《こっけい》なものとしてジョークにし、苦境に向きあった。[11] **結論——泣きたくなるような出来事を笑い飛ばせれば、苦難に対する力強い武器を手にしたことになる。**

前述のように、ソクラテスは襲撃されたことに冗談で応じた。倫理的な見地から、この対応を批判する人もいるかもしれない。ただ笑うのではなく、暴行者を警察に突き出したほうがよかったのではないか、と。[12] 結局のところ、そうしたほうが今後その人がソクラテスやほかの無辜《むこ》の人を傷つける機会を減らせたのではないか。

こうした批判に対し、「喜劇のフレーム」を用いたうえで、暴行者を警察に突き出していいのだということを指摘したい。襲われたことを喜劇のフレームにはめ込めば、感情が傷つくのを防ぐことができる。感情が傷つけば、身体的な傷よりもはるかに深刻になりうるため、フレーミングを行うのはとても大切だ。そのあとで、自分やほかの人が、将来、似たような目にあわないようにするにはどうすべきかを検討したらどうだろうか。状況によっては、暴行者を当局に引き渡すことになるかもしれない。ソクラテスがそうしたという歴史的記録があるわけではないことは、付け加えておこう。

●ゲームのフレーム

次のシナリオについて考えてみてほしい。走っているとき、後ろから追いついてきた人に飛びつかれ、地面に押し倒された。あなたはどう反応するだろうか。情報がこれだけなら、その出来事を本能的に非難のフレームにはめ込むかもしれない。不当な扱いを受け、攻撃を仕掛けた相手に腹を立てるだろう。

話を進めるまえに、今のシナリオにもうひとつの要素を加えたい。飛びつかれたのがラグビーのプレー中だったとしたら？　ラグビーのルールではタックルが許されている。その状況で相手を責め、起こったことを非難のフレームにはめ込むのはばかげているため、

「ゲームのフレーム」を用いるはずだ。タックルを仕掛けるのはラグビーの一部であり、タックルを仕掛けられたくなければ、グラウンドを去るしかない。

ラグビーの試合でタックルを仕掛けられるのは、逆境かもしれない。けれども、むだなく試合を進めるためには、気にするべきではない。またルールを破ったわけではないのなら、タックルを仕掛けた相手を犯罪者のように扱うのではなく、フィールド上で戦うに値するライバルとみなすはずだ。**ゲームのフレームを用いることで、心の傷になったかもしれない出来事による痛みを軽くできる。**そう考えると、このフレームがあまり使われていないのは意外なことだ。

作家のジーン・リードロフの逸話には、ゲームのフレームの力が申し分なく示されている。リードロフは若いころ、ふたりのイタリア人男性からベネズエラでダイヤモンドを探そうと誘われ、すばらしい冒険だと思って参加した。3人は、旅をするために、重くて扱いにくい丸木舟を手に入れ、数人の先住民を雇った。

あるとき、灼熱《しゃくねつ》の太陽のもと、一行は舟を引きずりながら、とがった岩の上を進まなければならなくなった。リードロフもいっしょに舟を引きずった。全員が切り傷や打撲を負い、熱くなった岩でやけどをした。けれども、彼女は気づいた。イタリア人たちが傷や打撲を災難と考えて毒づいていたのに対し、先住民たちはその体験をゲームととらえていた。舟の予測不能な動きにも笑った。舟が引っかかって熱い岩のあいだで動けなくなったことも、不満の種ではなく、さらなる笑いの材料となった。リードロフはこう記している。

みんなが同じことをしていた。神経をぴりぴりさせ、痛みを感じた。みんな同じ状況にあった。ちがったのは文化だ。わたしたちは、こうした状況の組みあわせが、幸福をひどく損なうと信じる習慣が身についていて、ほかの選択肢があることに気づかない。一方、先住民たちは、仲間といっしょにいることを楽しむという無意識の選択をした。もちろん、不安をつのらせて前日までの楽しさを台無しにすることもなかった。彼らは一歩進むごとに小さな勝利を味わった。[13]

リードロフも、先住民のようにゲームのフレームを用いることにした。すると、残りの旅がとても楽になった。**逆境をゲームの一部ととらえれば、感情面の衝撃を大きく減らせる**。ゲームは、ラグビーのように正式なものである必要はない。この例のカヌーゲームのような即席のものでいい。

●ストイック・テストのフレーム

最後に考えたいフレームにはゲームのような要素がある。**逆境に直面したときは、想像上のストア哲学の神々に試されていると考えればいい**、とストア哲学者は言う。ゲームに勝ち、テストに合格するには、平静を保つ一方で、逆境への対策を考える。一風変わってはいるが、役に立つフレームだ。

ローマ時代のストア哲学者は、逆境をコントロールすることはほとんどできないが、それをどのフレームに入れるかについては決められること、それによって、被る影響もコントロールできることを知っていた。通常、逆境はいらだたしいこと、さらに悪ければ不当な苦難ととらえられがちだ。その結果、不満や憤りを感じる。ただし、ちがうフレームを選べば、逆境に陥っても平然としていられるし、次善の解決策が見つかる可能性が大きくなる。さらに、ストイック・テストというフレームを取り入れて、**逆境を興味深い試練と解釈して対処すれば、ある程度の充足感を得ることができる**。意外に思うかもしれないが、本当のことだ。そこで、ストイック・テスト戦略という考え方について、さらにくわしく見ていこう。

第 3 部

実践編

「ストイック・テスト」に取り組む

第3部では、感情をコントロールする
トレーニングの方法を示す。
逆境は、いかに避けようとしても、
いつか必ず直面するものである。
その際ネガティブな感情を発生させないために
必要な日常的トレーニングとして、
「ストイック・テスト戦略」の使い方や、
怒りを「演じて」見せる方法を
具体的な事例で解説していく。

8章

「逆境」を冷静に受けとめる

8章のポイント

・逆境のあとの感情はコントロールできる。
・マイナスの感情は「隠す」のでなく、そもそも「抱かない」ことが重要だ。
・怒りは行動の動機となるが、わたしたちを消耗させるものでもある。
・死について考えることは、生を肯定するための行為となる。

マイナスの感情を抱かない

逆境にいかに対処するかに加えて、もうひとつ隠れた課題がある。それは**逆境に見舞われたあとにマイナスの感情を持たないようにする**ことだ。多くの人は、逆境のあとの感情を自分でコントロールできると思っていないために、この課題に向き合おうとしない。動転したり、憤慨したり、落ち込んだりするのは当然じゃないか。そう思っている。

これは不幸な考え方だ。まず、逆境に対して腹を立てれば、それまで平静だった心を乱すことになる。また、思考が鈍り、顕在意識が対処法を考えられなくなる。その結果、最善とはいえない策を選んでしまう。

2台の車が渋滞に巻き込まれて動けなくなったとしよう。1台の車のドライバーは腹を立てる。ほかの車のドライバーに悪態をつき、妻に電話をして怒りをぶちまける。おそらくそのせいで、妻もいくぶんかのストレスを感じる。やっと職場に着くと、同僚にぶっきらぼうな態度をとり、同僚もおそらく不機嫌になる。

一方、もう1台の車のドライバーは、渋滞を解消するために自分がやれることはない、とすぐに気がつく。そこで気持ちを切り替え、この時間になにができるかを考える。車はまったく動かないので、メールをチェックする。お気に入りのポッドキャストに新しく配信されたエピソードを聞きはじめる。ようやく目的地に着くと、遅刻はしたものの、気分は悪くない。「道は混んでいた?」と尋ねられたら、「かなり混んでいた」とありのままに淡々と答える。このドライバーにとって、渋滞は1日という布にできた小さな皺《しわ》にすぎない。

あなたの家かアパートで、水道管の破裂という難題が起こったとする。そのせいで、朝のシャワーも浴びられないし、コーヒーも飲めない。とはいえ、壊れた水道管そのものは簡単に修理できる。配管工ならわずか20分、腕のいいＤＩＹ愛好者ならホームセンターに行く時間もふくめて、数時間もかからない。

けれども、水道管が破裂したときに起こるのは、それだけではない。必要なところに水がなく、不必要なところが水浸しになっているかもしれない。その結果、部屋が洪水状態になるかもしれないし、上の階の水道管が壊れたのなら、下の階の天井がダメになるかもしれない。水道管そのものが壊れたことよりはるかに深刻だ。つまり、最初にやるべきことは水道管の修理や、コーヒーを淹《い》れるための水を買いに行くことではない。まず、水を止め、家が水浸しになるのを防ぐことだ。

同様に、逆境に置かれたときは、ふたつの課題が浮かびあがる。ひとつめは「逆境に対処する」ことだが、より大切なのは、ふたつめの「マイナスの感情の洪水を防ぐ」ことだ。感情的な課題は時間や因果関係という面では二次的なものかもしれないが、その影響は、しばしばもっとも大きくなる。感情がもたらす害は、そのままにしておけば、逆境による最大の損失になりかねない。分別のある人はそれに気づき、**逆境に直面したときは、まずマイナスの感情に襲われないように必要な措置をとる。**感情を「隠す」手立てを見つけるという意味ではない。必要なのは**「マイナスの感情を抱くのを防ぐ」こと**だ。そうすれば、隠すべきマイナスの感情はなくなる。

怒りと情熱を区別する

読者のみなさんの多くは、渋滞にはまって怒るのはばかげているとわかっているだろう。怒っても事態は変わらず、心が乱れるだけだ。では、怒っていいだけでなく、むしろ怒るのが望ましい場合はあるだろうか。

いささか意外だが、セネカはそのような場合があることを認めている。ものぐさで、怒られないかぎり、頼んだこともやってくれない相手だったらどうだろう。そうした人の厚かましさに腹を立てるのは理解できる、とセネカは言う。とは言うものの、さらによい提案をしている。それは**怒っていると「見せかける」こと**だ。[1]そうすれば、怒るという感情の代償を払うことなく、相手にやってほしいことをやってもらえる。

怒りを表すべきもうひとつの例は、深刻な不正が行われたときだ。**義憤と呼ばれる種類の怒り**である。たしかに、正しく怒ることができないと、状況によっては、倫理的に欠陥があるとみなされるかもしれない。

これは考え方として興味深い。けれども歴史を振り返れば、**怒りにとらわれずとも不公正との戦いに熱意を持って取り組める**ことがわかる。たとえば、マハトマ・ガンディーはインドに対するイギリスの不当な支配と戦った。さらに、高位のカーストに属するインド人が最下層民を不当に扱うことに対しても戦った。どちらも徹底的に平和的なやり方で。また、ガンディーを崇拝したマーティン・ルーサー・キングは不当な人種差別と戦った。ときに情熱的な演説をしたが、すぐに怒る人ではなかったようだ。ほかの人と同じように、怒りがこみあげることはあっただろうが、それをなんとか鎮めたのにちがいない。

キング牧師は『自伝』のなかで、1955年にアラバマ州モンゴメリーで起きたバスボイコット事件における自身の役割について書いている。バスボイコット事件は、黒人女性のローザ・パークスが白人にバスの席をゆずらず、逮捕されたことがきっかけで起こった。バス内の白人専用の席が埋まっている場合、バスの決まりでは、運転手が黒人に対して、あとから乗ってきた白人に席をゆずるよう命じることができた。さらに、黒人と同じ列に座るという「屈辱」を与えないために、白人にゆずるのは一席だけではなく一列だった。白人専用席のすぐ後ろの列に座っていたパークスと3人の黒人は、後ろに移動するように言われた。3人は同意したが、パークスは要求に従わなかった。そこで運転手は彼女を逮捕させた。

黒人社会は激怒し、モンゴメリーのバスのボイコットを決めた。キング牧師は交渉役に選ばれた。そのため、白人の人種差別主義者と、憤る黒人との両方に対処しなければならなかった。まもなく自分が双方に腹を立てていることに気づいたが、すぐに後悔した。「それでは問題は解決できないと思った。『**怒りに身を任せるな**』と、わたしは自分を戒めた。『**相手に怒りをぶつけられても、怒りで返してはならない**。憤慨してはならない。相手がどんなに感情的になっても、**自分は平静でいなければならない**』」[2]

こんにち、社会変革運動に関わる人の多くは、怒りと情熱を混同している。不公正をなんとかしたいのだから、腹を立ててあたりまえだ、と彼らは言うかもしれない。怒りは、公正を求める戦いにおける効果的なツールだ。怒りが動機となる。当然の怒りを公に示すことで、説得したい人々の注目を集められる、と。

それは正しいかもしれない。けれども、ストア哲学者は、怒りが諸刃《もろは》の剣であることを知っていた。怒りは動機となるかもしれないが、わたしたちを消耗させもする。そのため、戦いに勝つまえにエネルギーが奪われてしまう。また、怒りが、しばしば相手を怒らせることもある。相手が態度を硬化させれば、妥協の可能性は小さくなる。社会の変化はゆっくりなうえに、怒りが問題の解決をさらに遅らせてしまう。また、**怒りのせいで判断力が鈍って愚かな行為をすれば、うまくいきそうな解決策が見えなくなる。**

社会改革をめざす人の多くは、問題を強く感じるあまり、目的を実現するためにみずからを進んで犠牲にする。怒りに身を任せることで、明らかに犠牲になっている。けれども、怒りと喜びは両立しない。犠牲は本当に目的の実現につながるのだろうか。むしろ、逆効果ということもあるかもしれない。そう考えると、社会改革の運動家は、ガンディーやキング牧師の足跡をたどり、平静を保ちながら、変化をもたらすために情熱的に取り組むのが賢明だろう。

悲しみを乗り越える

ここまで逆境に対する怒りについて述べてきた。では、悲しみはどうだろう？　親しい人が亡くなれば、悲しむのが自然だ。エリザベス・キューブラー＝ロスも、悲しみは心理学的な見地から、個人的喪失に対する適切な反応だと言っている。悲しみを抑え込めば、将来、深刻な精神的苦痛を味わう可能性が大きくなる、と。

キューブラー＝ロスの悲しみ《グリーフ》の理論は批判を受けてきた。たとえば、心理学者のロバート・J・カステンバウムは、キューブラー＝ロスの理論は実証的データによる裏づけが十分ではないと論じている。[3] さらに、キューブラー＝ロスは悲しみの5段階のプロセスを発表しているものの、その段階をたどることが悲しみに処する最良の方法なのかは疑問が残る。

コロンビア大学の臨床心理学教授であるジョージ・ボナーノは、わたしたちの回復力《レジリエンス》はキューブラー＝ロスが信じ込ませようとするよりずっと強靭なので、多くの心理学者が推奨し、生活の糧《かて》にしているグリーフ・カウンセリングはそれほど必要でないと言う。それどころか、**たいていの人はみずからの力で人間関係の喪失から立ち直る**ため、グリーフ・カウンセリングによって気づかぬうちにそうした回復力《レジリエンス》が弱められてしまうと、事態がさらに悪くなる可能性があるとのことだ。[4]

愛する者の死について考えてみよう。セネカは喪失に対する嘆きには適切なものもあることを認め、「自然はわたしたちにいくぶんかの悲しみを求める」と言った。一方、こう付け加えてもいる。「だが、それ以上に悲しむのは体裁にすぎない」[5]セネカが暗に述べているのは、自分たちがどんなに親切で、思いやりがあるかを世間に見せたいがために人まえで悲しむ人たちのことだ。また、ストア哲学者は、人々が悲しみよりも罪悪感のせいで苦痛を経験する場合があることもわかっていた。夫が妻の存在をあたりまえのように思い、ふたりの関係をそれほど大事にしていなかったらどうだろう。妻がいなくなったあとにそれを後悔して、精神的にまいってしまうかもしれない。

愛する人は、永遠にそばにいてくれるわけではない。少なくとも、わたしたち自身が死ねば、いっしょにはいられなくなる。そこで、ストア哲学者は、**愛する人が生活の一部であるのがどんなにすばらしいことかをときどき考えてみるべきだ**と言う。これまでになにかが起こって、いっしょにいられなくなったかもしれないのに、今、いっしょにいられる。それは幸運ではないだろうか。

こうした死の必然性についてじっくり考えれば、愛する者が生きているあいだにその存在を十分に感謝することができるし、愛によって彼らの人生を変えられる、とストア哲学者は言う。そうすれば、いっしょにいられなくなったとき、その死をそれほど悲しまずにすむ。とくに、愛する者が生きているあいだにできたはずのこと、すべきだったことを後悔する必要がなくなるだろう。**死について考えるのは恐ろしいことではなく、生を心から肯定するための行為**となる。

ストア哲学者なら、キューブラー＝ロスが提唱した悲しみの5段階のリストのうち最初の4段階——否定、怒り、取引、抑うつ——を飛ばし、5段階目の受容を実行するように勧めるだろう。わたしたちには死者を生き返らせる力はないのだから、死者を過度に悼《いた》めば時をむだに過ごすことになる。可能なかぎり、ただ死を受容し、人生を前向きに進むべきだ。

9章

「逆境」＝「テスト」である

9章のポイント

・自分を知るには試練が必要だ。
・逆境は歓迎すべき試練である。
・敵がいなければすぐれた者であり続けることができない。
・逆境にどう対応したか、自分で評価しよう。

ストア主義者はいつも試されている

すでに見てきたように、起こったことをどうとらえるかは絵画の額縁《フレーム》のようなものだ。レンブラントの絵も、ある額縁に入れるとひどいものに見えるし、べつの額縁に替えればすばらしく見える。わたしたちが経験する逆境も同じだ。**逆境をある心理的フレームに入れればいらだたしいものに、べつのフレームに替えると、意外にも楽しめるようになる。**

逆境にあうと、潜在意識が動きだすことはすでに説明した。潜在意識は、逆境をフレームに入れ、なにが起こっているかを理解しようとする。選べるフレームは多いが、たいがいは「非難のフレーム」を好む。それによって自分が不当に扱われている、だれかから陥れられた、と考える。その結果、怒りに駆られ、状況への対処が困難になる。

逆境に直面したら、一種のテストとして、つねにその出来事を意識的にフレームに入れるように、とストア哲学者は勧めている。イライラするようであれば、テストの得点は低くなる。怒ったり、落胆したり、さらには自分を被害者だと思ったりしたら不合格だ。望ましいのは、怒りや落胆をうまく隠すのではなく、隠すべきそうした感情がないために、マイナスの感情が芽生えないことである。

「試練」の意味とはなにか

ストイック・テスト戦略について、さらにくわしく考えてみよう。逆境にあるときに自分が試されているととらえれば、当然、次の疑問が湧く。だれに試されているのだろうか。セネカは「神」だと考えた。それについて理解するまえに、ローマ時代の神の概念が、現代のキリスト教のものとは大きく異なることを説明しなければならない。まず、ローマ時代の人々にとって神はたくさんいたうえに、主神とされるユピテルはキリスト教の神とはまったくちがう。たとえば、ユピテルは妻帯者でありながら雄牛になって女神エウロペを誘惑した。強姦と言うべきだろうか。キリスト教の神なら、決してそんなことはしないだろう。

セネカによれば、神（ユピテルを思い浮かべよう）がわたしたちを逆境に直面させるのは、罰ではなく、わたしたちに勇気ある行動をする機会を与え、「最優秀」の評価を得られるようにするためだ。

神は承認する者、愛する者を強くし、評価し、鍛錬する。他方、大目に見てやるべき者たちには、与える不運にも手加減を加える。自分が災難とは無縁だと思う者がいるなら、それはまちがいだ。長いあいだ、幸福だった人も、いつかは不幸に見舞われる。災いから放免されているように思えても、ただ、そのときが遅れているにすぎない。[1]

つまり、**逆境を歓迎すべきだ**ということになる。逆説的ではあるが、神の注意を惹き、すぐれた人間になれると見込まれた証拠なのだから。「自分を知るには試練が必要である。自分になにができるかは、試さなければわからない[2]」ということが神にはわかっている、とセネカは言う。

セネカは、逆境を用意する神の考えをわかりやすく説明するために、類似の例をいくつか紹介している。[3]まず、神を厳父のようなものだと言った。厳父は「子どもらに早起きをして勉学をすることを命じ、休日をのんびり過ごすことも許さない。子どもらに汗をかかせ、ときに涙を流させる」。父のような神は、子どもが「真の力を獲得できるよう、苦労と苦悩と損失の痛みを知る」ことを望む。また、兵士に危険な任務を命じる将軍のようなものだとも言った。勇敢な兵士は、将軍にひどい仕打ちを受けたとは思わない。任務を遂行できるだけの勇気と胆力の持ち主であることを認められたと考える。むしろ好意の証だ、と。さらには「大きな期待をかけている者により多くの努力を求める」教師のような者だとも言う。

エピクテトスも、神の意図について同様に考えた。『人生談義』のなかで、人が逆境を経験する理由を説明する神と想像上の会話を交わしている。

エピクテトスよ、可能であるなら、わたしはおまえの哀れな身体やわずかな財産を災いから無縁のものにしたことだろう。だが世の常として、その身体はおまえのものではなく、うまく作られた粘土ほどのものにすぎないことを忘れてはならない。その代わりに、おまえにわたしの一部、すなわち行動する、あるいはしないという意欲を起こす能力、欲求と忌避能力、さらに言えば、正しく心象化する力を与えた。それを心に留め、**自分の力を信じれば、災いも障害も寄せつけず、不満を抱いたり、文句をこぼしたり、他者にお世辞を言ったりしないでいられるだろう。**[4]

ようするに、人間には神と動物の側面がある。論理的思考ができるわたしたちの顕在意識は神の側面であり、潜在意識と感情は動物の側面だ。エピクテトスはこう言っている。「人が人であることを示すのは困難に陥ったときだ。困難に陥ったときは、競技の指導者がするように、神が、若くて強い相手と対決させたのだと考えるがいい」神はなぜそんなことをするのだろうか。「オリンピックで勝つためである。だが汗をかかなければ実現できない[5]」

セネカも競技者を引き合いに出して、ストア主義者に試練が用意されている根拠を説明している。「闘士は最大の敵とこそ戦う。戦うことになった相手には全力で向かってくることを要求する。そのうえで殴られ、痛みに身をさらす。相手がひとりでは足りないときには、同時に複数の者を相手にする[6]」彼らは「**敵がいなければすぐれた者であり続けることができない**[7]」と知っているのである。

便利な想像上の神

ここで不安になる人もいるかもしれない。ユピテルの存在を信じていないのに、どうやってストア主義者の試練、すなわち「ストイック・テスト」というフレームを使えばいいのか、と。キリスト教の神を信仰しているなら、答えは簡単だ。強くなるため、より立派な人間になるため、人生により感謝するために神に試されていると思えばいい。慈しみ深い父ならそうするだろうし、キリスト教の神はとりわけ慈しみ深いと言われている。アッラーを信じるイスラム教徒も、同じように考えてみてはどうだろう。

わたしと同じように、ユピテルもキリストもアッラーも信じていないとすれば？　それでも、想像上のストア哲学の神々に試されていると考えれば、ストイック・テスト戦略を利用できる。そんなものは存在しないと十分わかっている人の生き方にも、ストア哲学の神々は大きな心理的役割を果たしてくれる。その存在を思い起こして、7章で学んだフレーミングの手法を用いればいい。直面する逆境を異なるフレームにはめることで、抱く感情を大きく変えられる。逆境を不幸な経験だととらえる人は多いが、フレーミングの手法を賢く使えば、**逆境を自分を変える機会にすることができる**だろう。

わたしにとって、ストア哲学の神々は便利な想像上の存在だ。子を持つ親なら、こうした存在に馴染《なじ》みがあるだろう。子どもが小さかったころ、クリスマスが近づくと、しつけのためにサンタクロースの話をしたことがないだろうか。「猫をいじめるとサンタさんが来てくれませんよ」こう言えば、子どもは反応する。同様に、ストイック・テストととらえれば、顕在意識は、だまされやすい子どものような潜在意識のふるまいを変えられる。奇妙に思えるかもしれないが、とても効果がある。

想像上の神というのにすら抵抗がある人は、父親、世間の人々、先生、コーチに試されていると考えてみよう。じつを言えば、わたしもセネカの亡霊に試されているように思うことがある。ある意味で、セネカの亡霊は存在している。わたしはセネカの著作物を読んできたため、つねにセネカが頭のなかにいる。セネカはたまにほめてくれることもあるが、たいがいは失望したように眉を上げる。だれを選んでもいい。自分自身が試されていると考えることだ。

わたしは（想像上の）ストア哲学の神々と出会い、彼らがどういう存在かがわかった。たとえば、彼らはとても大きな力を持っている。わたしが顔を剃《そ》っているときに傷を負わせることも、森を歩いているときに木の根につまずかせることもできる。空港では、乗る予定の飛行機を遅延させたり、欠航にしたりできる。事実、空港ではとんでもなく多くの逆境を経験した。ストア哲学の神々は空港にいるのではないかと思うほどだ。

交通渋滞も起こすし、インフルエンザも流行させる。迷惑な雷雨や壊滅的な地震をもたらす力も秘めている。また、テクノロジーに精通している。わたしは最近、ネットで格安の航空券を見つけた。それを購入するために情報を入力していた1、2分のあいだに、彼らがインターネットを操り、値段を1枚当たり100ドルつりあげた。いつかふいに同程度の値下げをして、わたしを驚かせてくれないだろうか。

また、いたずらも好きらしい。スマホをただ壊すのではなく、わたしがレモネードのなかに落とすように仕向けて壊したりする。こうしたことが本当に起こる。

ときには、逆境を経験させるのではなく、起こりうることを思い起こさせるだけで満足するようだ。先日、わたしは友人の家へ車で向かった。数回しか訪れたことがなかったので、スマホに行き方を質問した。スマホはすぐに答えを返すとともに、所要時間を1時間4分と予想した。そんなはずはない。友人の家はほんの数キロ先なのに。そこで画面をよく見た。車での行き方ではなく、徒歩での行き方が示されていた。やはり、彼らはテクノロジーに精通しているのだ。

すばらしいじゃないか、とわたしは考えた。寒い冬の夜に1時間以上かけて歩くのではなく、車で快適に目的地に着けるなんて。起こりうる逆境に気づかせてくれた彼らに感謝して夜道を出発し、運転しながらさらに考えた。こんな携帯機器があるのは驚くべきことだ。口頭で要求すれば、徒歩のときも、車を運転しているときも、行きたい場所のほぼどこへでも音声で案内してくれるのだから。

評価するのは自分

わたしたちをテストするストア哲学の神々は、成績をつけない。評価は自分自身ですることになる。評価をするときはふたつのことを考えよう。ひとつは、逆境への対処法をどれだけさぐったかだ。どう行動するかを決めるまえにほかの選択肢も検討したか。水平思考を行ったか。「頭を柔らかくして」考えたか。最終的に選んだものは最適だったか。

最適な解決策は心地いいものとはかぎらない。最適であるためには、ほかよりも不快でないだけでいい。そう考えれば、足の切断はうれしいことではないが、深刻な壊疽《えそ》を起こしている場合は次善策、つまり死よりは望ましいだろう。

考慮すべきより重要なことは、逆境に対してどのような感情を抱いたかだ。平静でいられたならBに値する。AやAプラスをめざすなら、平静でいるだけでは足りない。逆境を歓迎し、意気揚々《ようよう》とするくらいでなければいけない。この点では、何年もの訓練の末に、ついに本領を発揮するチャンスが来たとばかりに消火活動にあたる消防士に似ている。

このふたつの側面に対する評価は異なることもある。ひどく憤慨しながらも、逆境への最適な対応を思いつくかもしれない。その場合、対応への評価は高いものの、より重要な感情への評価は低くなる。あるいは、平静でいられたとしても、最適ではない対応をすることもある。この場合は、対応への評価が低く、感情への評価が高くなる。たいていは、感情の評価が低いほど対応への評価も低くなる。結局のところ、怒ったり、悲しんだり、失望したりしているときは、筋道を立てて考えて、最適な策を見つけるのが難しいからだ。

先に進むまえに、今一度、最近、経験した逆境について考えよう。あるいは、1章で紹介したような記録をつけはじめているなら、それを見返してほしい。自分の反応をどう評価するだろうか。その評価に満足だろうか。もし満足でないなら、将来陥る逆境でよい成績を得るためになにをすればいいだろうか。

10章

「5秒ルール」で対処する

10章のポイント

・感情のコントロールに取り組むのは、早ければ早いほうがいい。

・逆境に直面したら、5秒以内にストイック・テストだと断定しよう。

・ストイック・テストはわたしたちの回復力《レジリエンス》と創意工夫を試す。

・逆境を挑戦《チャレンジ》として楽しもう。

よき人生のためのルール

すでに述べたように、水道管が破裂すれば、まず水を止めなければならない。水浸しになった周囲を片づけ、パイプを修理し、コーヒーを淹れる水を確保するのはそれからだ。水を止めるのは、早ければ早いほどいい。

同様に、こうした逆境に直面したときにまずやらなければならないのは、マイナスの感情を抱かないようにすることである。マイナスの感情を抱けば、逆境への最適な対処法を見つけて実行するのが難しくなる。また、実際に直面する逆境の被害よりも大きな害を被りかねない。

ストイック・テスト戦略をうまく用いるカギは、すばやく対応することだ。序章の、フライトがキャンセルされたときの話のなかで、わたしがとった対応を覚えているだろうか。わたしは、その日はもう自分の家のベッドで眠ることができないのがわかるとすぐに、ストイック・テスト戦略を用いることに決めた。あのときぐずぐずしていたら、潜在意識が不当な扱いを受けたというフレームを当てはめてマイナスの感情を呼び起こし、その夜と翌日の一部を、怒りと不満に駆られて過ごすことになっただろう。けれども、ストイック・テストというフレームをあてはめたおかげで、最善の対処法を見つけて実行することに思考とエネルギーを集中できた。さらに重要なのは、あの状況において、心の平静を維持できたことだ。

「5秒ルール」というのを聞いたことがある人は多いだろう。食べ物が床に落ちても、5秒以内に拾いあげれば、安全に食べられると言われている（医学会からのお墨《すみ》つきは得られていない）。ストイック・テスト戦略を用いるときも、同じように考えてはどうだろうか。つまり、**逆境に直面したときは、5秒以内に、それをストイック・テスト戦略だと断定する。**

とはいえ、何年もまえからこうしたテクニックを用いているわたしでさえ、思わず悪態をついてしまうことがある。悪態をつくのは、小さなハンマーで膝を軽く叩くと足がはねあがるのと同じように、反射的なものだろう。幸い、悪態をついても、直後であれば、ストイック・テスト戦略を問題なく用いることができるようだ。ただ、何度も用いているうちに、逆境にあっても悪態をつくことが少なくなった気がする。もしかしたら、成長することができたのかもしれない。

トーマス・ジェファーソンは、アメリカ独立宣言を起草しただけでなく、「よき人生のための10のルール」として知られる文書も記している。ルールのひとつは、だれかに腹が立ったときには、口を開くまえに10数えるというものだ。また、腹が立ってどうしようもないときは、100数える。10数えることによって気持ちが落ち着き、あとで後悔するようなことを口にしないですむ。また10数えるのには、5秒かかることにも着目したい。

とはいえ、10数えるというジェファーソンのルールと、5秒以内にストイック・テストだと考えるというルールには、重要なちがいがある。ジェファーソンのルールは、腹が立ったときにどうすべきかを教えている、被害を最小限に抑えるための助言だ。一方、**5秒ルールは、そもそも腹を立てないようにするためのものである。**つまり、ジェファーソンは怒りを抑えること、ストア哲学者は怒りを覚えないようにすることに関心を向けた。

脳のOSを改造する

人類進化の系統樹を5億年まえまで遡《さかのぼ》れば、わたしたちの祖先の脳は単純なもので、さまざまな身体機能を抑制することがほとんどできず、世界を五感でとらえ、その感覚刺激に反射的に応じるにすぎなかったことがわかる。[1] そこから2億5千万年進化した祖先は、大脳辺縁系がすでに発達し、**快感**を得る行為（食べる、性交をするなど）や、**不快感**を覚える行為（切り傷を作る、火傷《やけど》をするなど）を経験するようになり、進んで快感を得ようとしたり、不快と感じることを避けたりと、単なる反射を超えた行動をした。

わたしたちが性的なオーガズムを経験するのはなぜかを考えたことがあるだろうか。性的なオーガズムを経験できる動物は、そうでない動物よりも、交尾をし、それによって子孫を得る可能性が大きかったからだ。同様に、長時間、食べずにいると空腹で不快になり、食べると心地よく感じるのはなぜかを考えたことがあるだろうか。こうした感情を持つ動物のほうが持たない動物よりもよく食べて、生き延びる可能性を拡大できたからである。絶食が心地よく、性交をおぞましいと感じた動物は、おそらく子孫を持てなかっただろう。進化生物学者によると、人間はこのようにして身体的に快感、不快感を持つようになったらしい[2]。

多くの世代を経て、快感や不快感を覚える動物の能力には、べつの側面が備わった。つまり、**身体的感覚**に加えて、**精神的な感覚**を経験するようになった。それが**感情**である。最初は、マイナスの感情だっただろう。とりわけ、身体的に不快な経験を恐れるようになったと思われる。ヘビが怖いのは、ヘビに噛まれた結果なのかもしれない。

さらに多くの世代を経ると、こうした感情はより複雑になった。たとえば、ヘビに嚙まれた場所に来ると、たとえヘビがいなくても、不安を感じただろう。不安もマイナスの感情のひとつだ。また、マイナスの感情だけでなく、プラスの感情も覚えるようになった。たとえば、わたしたちの祖先である人間が、獲物に向かって槍《やり》を投げたとする。それが命中しなければ、失望というマイナスの感情を抱いたかもしれない。一方、命中すれば、達成の喜びを感じただろう。

脳がさらに発達すると、長期の目標を立て、それを実現することで見返りを得るようになった。目標を実現するまでは重要な段階を経るごとに達成感に満たされ、最終的な目標を実現すると、人生の最大の喜びのひとつである成功の高揚感に酔いしれた。こうした快感は、脳内の神経伝達物質ドーパミンが放出されることによって得られるようになった。

たとえば怠慢、あるいは自信がないといった理由で、難題を引き受けずにいるとする。そうなれば、成功の高揚感を経験するチャンスが失われる。とは言っても、コカインを使えば話はべつだ。この薬物を摂取すると脳から大量のドーパミンが放出され、その結果、バスケットボールの決勝戦で決勝点となるシュートを決めたときのような高揚感が得られる。だが、そういった方法で快感を得るのは危険だし、依存症に陥る可能性がある。

人間は社会的動物であるため、社会のヒエラルキーにおいて占める地位が幸福感にも影響を及ぼす。そこから同時に**社会的感情**が生まれた。わたしたちの祖先もだれかから冷たくあしらわれれば屈辱を感じただろうし、それによってみずからの社会的地位が危うくなれば、腹も立っただろう。また、ヒエラルキーの上位にある者に対してねたみも感じはじめた。このような社会的感情が社会的地位を向上させ、生存と繁殖のチャンスを高めるような行動を促した。

そうした祖先の脳や感情を呼び起こすしくみを、わたしたちは受け継いでいる。脳の処理能力は拡大したかもしれないが、基本的なしくみはほとんど変わっておらず、結果として、わたしたちも祖先が抱いた感情の多くを経験する。ただし、ちがいはある。祖先にとって大きな問題のひとつは、十分な食料を手に入れることだった。わたしたちの問題のひとつは、安くてすぐに手に入るものを食べすぎたあげく心臓病になるのを避けることだ。祖先は獣《けもの》に襲われることを心配しなければならなかった。わたしたちは、請求書の支払いや仕事を失うことを心配している。とはいえ、わたしたちの脳がたとえコンピューターのように多くのことを処理できるようになったとしても、それを動かすオペレーティングシステムは古めかしいものにすぎない。脳はそのオペレーティングシステムからは逃れられないのだ。

古代のストア哲学者は、そのシステムを改善する方法を思いついた。人間は逆境をだれかのせいにして、その人に腹を立てることがあるのを認識したうえで、迅速に対応すれば、そのプロセスを省略できることに気づいた。とくに逆境に直面したときは、回復力《レジリエンス》と創意工夫の才を試されているとフレーミングすることによって、マイナスの感情が芽生えるのを防ぐだけでなく、**逆境を挑戦《チャレンジ》として楽しむことができる。**大半の人々が単に不快な出来事だと感じることを、ある種の楽しみに変えられるのである。

第4部

応用編

ストア主義者として生きる

第4部では、ストア哲学を思想や
ライフスタイルに浸透させていく方法を学ぶ。
仕事の失敗や、人間にとって避けられない問題
である「死」をどのように受け入れるのか。
古代ストア哲学の考え方を実践する現代のスト
ア主義者たち、
すなわち、わたしたちのよく知る作家・学者・起
業家などの具体的な事例から、
ポジティブな感情を抱くことが仕事や人生を好
転させることを示す。

11章

「スティック・テスト」のための日常トレーニング

11章のポイント

・スポーツ選手がトレーニングするように、わたしたちも逆境に備えられる。
・逆境に対処するスキルは、練習によって向上させることができる。
・あえて逆境のなかに身をおく「ストア哲学的冒険」に出かけよう。
・試練や受難を経て変容を遂げ、日常へ戻れば、人はみな英雄だ。

逆境を歓迎する

セネカはエッセイ『神慮について（*De Providentia*）』において、「**逆境にあった経験のない人よりも不幸な人はいない**ようにわたしには思える」という、キュニコス派の哲学者デメトリオスの言葉を引用している。よって、賢明な人は、ある程度の逆境を進んで受け入れると言う。逆境を一種のトレーニングとみなし、「勇敢な兵士が戦いを喜ぶように」逆境にあることを喜びさえするかもしれない。そればかりか、逆境にないときには落ち着かなくなる。「逆境がなかなかやってこないときにはみずから進んで逆境へと飛び込み、世間から忘れられないように、みずからの価値を際立たせる機会を求める者たちがいる」とセネカは言う。[1] これは奇妙なことに思えるかもしれない。けれども、賢い人は、逆境がわたしたちをダメにすることもある一方で、適切にフレーミングを行えば、わたしたちを強くし、回復力《レジリエンス》を高める機会になることを知っている。

逆境をストイック・テストだと考えるようになると、**逆境を恐れるのではなく、楽しみに待てるようになる。**逆境にあえば、それに対処するスキルを上達させる機会になるし、これまでに上達させてきたスキルを用いることもできる。テニス選手がみずからのテクニックに自信を抱いているのと同じように、逆境に際して、憤ったり、不安になったり、落胆したりすることなくよい対処法を見つける能力に自信を持つことができる。そうしたすばらしいスキルを備えている人は比較的少ない。

テニス選手は、試合に備えて懸命にトレーニングする。何時間もかけて、筋力や体力を強化し、テクニックを覚え込み、練習試合を行う。実際の試合でコートに立ったときに最大限の力を発揮するために。わたしたちも同じように、逆境に備えて自分を鍛えることができる。それについて説明しよう。

逆境は、事前に予見ができない。高速道路に乗るまえにガソリンを入れ忘れるなど、不注意によって逆境に陥ることもあるが、故意に引き起こすことはできない。それでも、問題が降りかかりそうな状況にわざと身を置くことはできる。

週末を自宅で静かに過ごせば、逆境に陥ることはあまりなさそうだ。せいぜいシャンプーを切らしていたのに気づくといった些末《さまつ》なことだろう。代わりに大自然のなかを30キロほど歩くことになれば、興味深い逆境を多く経験するかもしれない。それは逆境に対処するためのトレーニングとなり、そのときに起こった問題は練習問題になる。**練習をする**

ことによって、対処法を見つけ出すスキルや平静を保つスキルを磨きあげられる。

「冒険」に出かけよう

ストイック・テストに備えて「勉強する」最善の方法のひとつは、わたしが**ストア哲学的冒険**と呼ぶものに乗り出すことだ。こうした冒険に出れば、厳しい環境、すなわち不快な驚きが起こる環境に身を置くことになる。

人はそれぞれ異なる経験を持つため、なにが冒険になるかは人によって異なる。甘やかされて育った人にとっては、いつも世話をしてくれる人の助けなしにしばらくやってみるのがいいかもしれない。そうすれば、朝食を作ることも冒険になるだろう。史上最高のバスケットボール選手のひとりであったマイケル・ジョーダンは、一時期、バスケットボールを離れて、マイナーリーグの野球選手になった。これも彼にとっては冒険だったろう。モロッコ生まれのフランス人コメディアンであるガッド・エルマレは、アメリカに移住して英語でスタンダップ・コメディを演じるという冒険をした。

わたしにとってストア哲学的冒険というのは、「新しいスキルを身につけようとすること」なのかもしれない。ストア主義者になるにあたってわたしが挑んだのは、バンジョーを習うこととイタリア語の講座をとることだった。その後、この冒険をもとに、新たな冒険としてバンジョーのリサイタルを開き、イタリアを旅行した。冒険をするたびに次の冒険が生まれ、人生に驚くような影響を及ぼした。

　けれども、最大の冒険は、ボートの漕《こ》ぎ方を学ぶことだった。わたしはボート漕ぎに真剣に取り組んでいて、ほぼ毎日、なにかしら関連したことを行っている。またボート競技《レガッタ》にも参加している。とは言っても、選手としてすぐれているわけではない。わたしの体形はボート漕ぎには不向きで、うまくなるには少なくとも人の2倍練習しなければならない。

　それでも、レースで負けることも、最下位になることも、問題だとは思っていない。ボートを漕ぐのは精神力を鍛えるためで、メダルを獲得するためではない。ボートを漕ぐことによって、ストイック・テストに備えている。ボートを漕ぐとき、さらにボートで競争しているときは、予期せぬことが起こる。オールがオール受けからすぽんと抜けて、ボートが転覆しそうになるかもしれない。レースが始まるときにモーターボートがそばを通り、その余波でボートに水が入って、オールを漕ぐのが難しくなるかもしれない。ゴールまえのラストスパートでべつのボートがまえに割り込んできたら、息を切らしながらも平静を保ち、対処法を見つける力を試されるかもしれない。

「怠け者のビル」との対話

ボートを漕ぐもうひとつの利点は、**「怠け者のビル」**と親密な対話ができることだ。[2]「怠け者のビル」は想像上の人物で、わたしの潜在意識のなかに住み、たいていは寝ている。ところが、わたしがボートを漕いでいるときに決まって現れる。500メートルを全力で漕いで練習しているときや、5000メートルのレースに向かって3000メートルの練習をしているときに、わたしのなかにいる怠け者のビルが言う。「ねえ、もうやめてもいいじゃん。やめれば楽になるよ」

その声に何度もそそのかされた。けれどもたいていの場合、わたしはさらに激しくオールを漕いで応える。おまえの言いなりにはならないぞ！ それから、ひと漕ぎずつ数えながら、最後まで漕ぎ続ける。成功のカギは、「もうひと漕ぎ」と思ってオールを動かし、それができたら、また「もうひと漕ぎ」と思ってオールを動かすことだ。そうすれば、怠け者のビルを黙らせ、ばかにすることもできる。「怠け者のビルよ、おまえの負けだ」

ここでひとつ注意をしておこう。怠け者の自分自身を見くだすのはかまわない。怠け者だから仕返しさえしないだろう。けれども、ストア哲学の神々を見くだすのは賢明ではない。単なる迷信かもしれないが、ストア哲学の神々はとてつもなく強いだけでなく、傲慢《ごうまん》になっている人間に目を光らせてもいる。危険は冒さないほうがいい。

日常において、少なくとも短期的には「漕ぐのをやめる」ほうが、楽になるときも多い。とはいえ、たとえひどく疲れていても、「もうひと漕ぎ」ができなければ、重要な目標は達成できない。課題に立ち向かって失敗する人がいる一方で、うまく成功する人がいるのは、この能力のちがいだ。また、人生のある時点で、生き残れるかどうかが、あとひと呼吸、さらにまたひと呼吸できるかどうかで決まるときがくる。ボートを漕ぐことで、そうした粘り強さを得られると思いたい。

レースの観客は、当然、わたしがほかの漕ぎ手と争っていると考えるだろう。けれどもストア哲学の観点から言えば、ほかの漕ぎ手は、さらに重要な戦い、すなわち怠け者のビルに打ち勝つための仲間だ。ほかのボートより速く漕いで勝つことに異議を唱えているわけではない。ただ、わたしにとって**真に大切なのは、怠け者のビルを負かすことなのだ。**

自分のなかに怠け者が潜んでいるのは、わたしだけではない。読者のみなさんのなかにもいるはずだ。その存在を意識し、次にその怠け者が現れたときは、単に降伏するのではなく、選択肢を考えてほしい。無視するか、叱るかしてみてはどうだろう。それから、人生において価値あることをなにも成さない、そうした卑しい存在が本当に必要なのかどうかを自問してみよう。

読者のみなさんのなかには、当惑している人もいるかもしれない。**「自分のなかにいる『怠け者の自分』とは?」**と疑問に思うだろう。そういう人は、そういった自分自身が表に出てきたことを思い出せないにちがいない。

それは、おそらく身体的にも精神的にも、怠け者の自分が目覚めるほどの冒険をしたことがないからではないだろうか。あるいは、怠け者の自分の要求を受け入れるのに慣れすぎてしまったために、それに同化してしまっているのかもしれない。怠け者の自分が真の自分と一体になった、あるいは真の自分に取って代わったと言うべきか。その結果、怠け者の自分の言うとおりになっても、真の自分が負けたのだとは思わない。人生とはそういうものだと考えている。なんと悲しいことだろう。

わたしたちは怠け者の自分を完全に消すことはできない。けれども、その支配を弱めるための策を講じることはできる。そのためには身体的、あるいは精神的な負荷を自分にかけるといい。怠け者の自分が目を覚ますかもしれないが、そのときは、それを押さえつけ、どちらが主人かを教え込む。そう、**怠け者の自分に立ち向かうのは愉快なことではないが、自分を律するために払うわずかな代償**だとストア主義者なら論じるだろう。

人はみな英雄である

ストア主義者として冒険に乗り出せば、作家ジョーゼフ・キャンベルが言う英雄としての側面が人生に備わる。英雄の旅は日常の世界からはじまり、冒険へといざなわれる。多くの人は冒険へ招かれながらも、それを拒否して日常世界にとどまる。一方、招きに応じた人は、特別な世界への境界を越え、試練や受難、すなわち逆境を経験する。**試練や受難に対処した人は、変容を遂げて日常世界へ戻る。**

あなたもストア哲学的冒険に出かけてほしい。そうすれば自分自身の変化に気づくだろう。過去に逆境に直面したときは、いらだちや憤りを感じたとしても、今度はほのかな喜びに満たされるかもしれない。「逆境がやってきた。待っていたぞ」と。そして、ストイック・テストを首尾よく乗りきれば、深い満足感を覚えるだろう。すでに述べたように、ストア哲学の神々に勝つのは簡単なことではないからだ。

ストイック・テストに備えれば、**自信という副次的な効果も得られる。**難題にうまく対処するほど、対処能力にも自信がつく。逆境に自発的に取り組むことによって、日々を覆う灰色の雲のなかに希望の兆しを見つける能力を向上させることができるばかりか、人生において逆境に直面する機会が比較的少なくなることにも気づくだろう。

12
章

「失敗」を進んで受け入れる

12章のポイント

- ある挑戦に成功するという目標達成のためには、失敗を覚悟する必要がある。
- 創造力によって、失敗を「乗り越えるべきもの」と枠組みしよう。
- 「大きな目標」は、多くの「小さな目標」に分解するといい。
- 「小さな目標」は、賢く、粘り強くさえあれば達成できるものにする。

自分に対して失敗を隠さない

わたしたちは失敗をひどく嫌うあまり、失敗したことを認めたがらない。そのため、失敗を他人ばかりか、自分にも隠してしまう。これは不幸な話だ。**失敗を認めなければ、失敗から学ぶことができず、その結果、さらに失敗を重ねることになる。**

失敗を避けるひとつの方法は、回避できそうな障害を予測するのに時間とエネルギーを注ぐことだ。とはいえ、失敗を避けるにはもっと簡単な方法がある。容易に達成できる目標だけを選ぶようにすればいい。ただし、それでは大きな成功を収めるのはほぼ不可能になる。事実、秀でた人物の生涯を見てみると、そういった人々は、ほぼ例外なく**達成が困難な目標を追い、多くの失敗を経験しながらも進み続けている。**

テクノロジーの世界も同様だ。イギリスの発明家ジェームズ・ダイソンは、15年間に5000以上の掃除機を次々と開発しては却下して、デュアルサイクロン掃除機を完成させた。それを1993年に発売して驚異的な成功を収め、掃除機そのものの概念を変えた。

文学の世界も同じである。マーガレット・ミッチェルの『風と共に去りぬ』は38の出版社に却下されたが、20世紀のベストセラーのひとつになっている。ロバート・パーシグのベストセラー『禅とオートバイ修理技術』は日の目をみるまでに、121の出版社から断られた（ちなみに、本書も出版にこぎつけるまで、何度も断られている）。

美術の世界も変わらない。フィンセント・ファン・ゴッホは860のキャンバスに絵を描いたが、存命中に売れたのはわずか1枚だった。彼の「失敗作」は今や世界中で愛され、高い値がついている。

数学の世界も例外ではない。イギリスの数学者アンドリュー・ワイルズは、フェルマーの最終定理を証明するのに7年の歳月を費やした。ついに画期的な考えが浮かび、それを発表したが、証明に誤りがあった。そんなことが起これば、精神的に打ちのめされてもおかしくない。けれどもワイルズは、数学上の解決策を見つけて立ち直った。

起業家の世界では、**失敗は成功に欠かせない要素のひとつ**らしい。スターバックス・コーヒーを成功させたことで名高いハワード・シュルツは、同社の買収まえに立ち上げたイル・ジョルナーレ拡大の資金を調達しようとしたとき、242人のまえで次のように語っている。[1]「ゼロックス社で営業の仕事をしていたときに、『拒絶《ノー》』の言葉をいかに受けとめて、先に進み続けるかを学んだ」

キャリア開発プラットフォーム「ミューズ」を立ち上げたキャスリン・ミンシューは、資金の調達をするのは「朝食会議でノーと言われ、10時半のコーヒーを飲みながらノーと言われ、昼食でノーと言われ、2時に無視され、4時に会議を切りあげられ、飲みに行っては部屋中の人に笑われるようなものだ」と言っている。「イエス」の返事をもらうまでに、148の「ノー」に耐えなければならなかったそうだ。[2]

アビー・ファリクは、大学入学まえの高校卒業者に1年の海外ボランティアの機会を提供するグローバル・シチズン・イヤーの創始者だ。ファリクはくり返し「ノー」と言われるのに耐えただけでなく、それに感謝し、「『ノー』という言葉はじつは贈り物」だと言う。**「世界へ出て行き、できるだけ多くの『ノー』をもらいなさい**。何度も何度もくり返し断られ、戻ってきて、それについて報告しなさい。それがあなたへの宿題です」とメンターに指示された。それは「わたしがなしえた最大のことであり、与えられたもっとも重要な助言だった」とファリクは語っている。[3] ファリクはノーと言われたときはきちんと耳を傾け、そこに解決の糸口を求めた。ノーと言われることに耐え、どう対処すべきかを学べば、**ノーという言葉は価値あるものだ**ということがわかるようになる。

急速に進化するテクノロジー産業では、失敗は製品開発における要《かなめ》だと考えられている。フェイスブックの創業者マーク・ザッカーバーグはそのことをだれよりもよく知っていて、社員に「失敗しない」ようにではなく、**「より速く失敗する」**ように助言している。新製品を果敢に企画し、失敗し、その失敗から学ぶことによって、新たなよりよい失敗をし、最終的に成功する製品を作りあげる必要があるからだ。

新薬開発にも失敗はつきものだ。アメリカ食品医薬品局(FDA)による安全性と効能の基準に合う薬を作りあげるには、試薬を作っては却下することをくり返さなければならない。10年かかることなどざらにある。ロシュ・ホールディングの最高経営責任者(CEO)であるセヴリン・シュヴァンは、こうした状況にある研究者の士気を維持しようと、成果が出ない開発チームの努力を称えてシャンパン・ランチを催している。「文化的観点から言えば、成功した1回よりも、失敗した9回を称えるほうが大切だ」と言う。[4]

本書の読者はこう考えるかもしれない。自分たちの人生の目標は、シュルツやザッカーバーグのように金持ちで有名になることではなくて、マイナスの感情ができるだけ少なく、喜びができるだけ多い穏やかな人生を送ることだ、と。わたしもまったく同じ考えだ。とはいえ、次のふたつのことを指摘したい。まず、セネカやマルクス・アウレリウスの人生が示しているように、ストア哲学を実践しつつ、「世俗的な成功」を収めるのは可能だということ。次に、シュルツやザッカーバーグのような人々が誤った目標を追求しているように思えても、彼らがいかに目標を追求したかを考えれば、重要な知見が得られるということだ。彼らは、挑戦し、失敗し、学び、ふたたび挑戦する能力を持っている。その能力は生まれながらにして備わっていたのかもしれないが、どちらかと言えば、**失敗とうまくつきあう手法を身につけていた**ということだろう。それでは、その手法に目を向けてみよう。

たくさんの「ノー」を集める

あなたの目標が、ある挑戦に成功することだとしよう。何度も失敗することを覚悟しなければならないが、フレーミングを創造的に用いれば、失敗の痛みをかなり軽くできるし、それによって成功の可能性を高められる。失敗を逆境ではなく、乗り越えるべきものだと考えることができるようになるだろう。

このちがいを理解するために、**障害物競争**を思い出してほしい。障害物競争では、参加者にコースと障害物を表示した地図を渡すことがよくある。参加者はある地点では壁に登り、べつの場所では管のなかを這って進み、さらにちがうところでは縄にしがみついて水を張った溝を越える。どのような障害物があるかを知っているので、厳密には「逆境」に陥るわけではない。障害物に直面しても驚きはしないからだ。壁を登るときに手に切り傷を作るのは逆境だとしても、壁があること自体はそうではない。屁理屈《へりくつ》のように聞こえるかもしれないが、逆境をうまく克服できるかどうかは、このようにどうフレーミングするかにかかっている。

たとえば、大学卒業をめざすなど、個人として大切な冒険をする決心をしたとする。大学で学ぶことを障害物競争と同じようにとらえ、前途にある障害物を思い描いてみる。科目をいくつか履修することになるだろう。その科目のそれぞれに障害物がある。授業に出席し、ノートをとり、文献を読み、テストを受け、レポートを書く。障害物のなかにもさらに障害物がある。たとえば、レポートを書くには、まず情報収集をして、次に概要をまとめて、といったことをしなければならない。テストのための最初の障害物はノートをまとめること。次にその内容を吸収することだ。

多くの人にとって、大学を卒業するのは難しいことのようだ。そのせいか、アメリカの25歳以上の3人に1人しか大学を卒業していない。大学を卒業する夢を成就するには、卒業という大きな目標を、科目の単位を取るといった小さな多くの目標に分解し、それをさらに、課題を完成させるというごく小さな多くの目標に変えるといいだろう。

カギとなるのは、小さな目標を必ず実行可能なものにすることだ。もちろん、実行するには知性も必要となるが、おおかたは自制心の問題だ。そのために必要な努力はしなければならない。大学を卒業するのに、非凡な才能は必要ない。賢く、粘り強くさえあればいい。ボート競技と同じように、「もうひと漕ぎ」するだけでいい。

同様に、ビジネスの世界でも、開業のための資金調達という**大きな目標を小さな目標に、さらにまた小さな目標にと細分化する**ことができる。アビー・ファリクについて、もう一度考えてみてほしい。ファリクは「ノー」と言われるために世界に出た。それは、400メートルハードル競走の走者が、ハードルが待ち受けているのを知りながらスタート地点に立つのと同じだった。だから、ファリクは多くの「ノー」を聞かされても、意気消沈しなかった。それどころか、「ノー」と言われるたびに、「ノー」を集めるように言ったメンターの課題を進めることになった。

もちろん、精一杯努力しても、挑んだ大きな目標が達成できないこともある。それを恥じることはない。最善を尽くした。できることはすべてやったのだ。もうひとつ忘れないでほしいことがある。難題を達成できないことより**ずっと大きな問題は、失敗を恐れるあまりに試みようとさえしないことだ。**

13章

胆力を鍛える——心地よい領域《コンフォートゾーン》を拡張する

13章のポイント

・「心地よい領域《コンフォート・ゾーン》」を広げれば、不快感を抱くのを減らせる。
・恐怖に立ち向かうとは、恐怖を感じている自分に対処することだ。
・生活を劇的に質素にしてみるのはよいトレーニングになる。
・喜びを見出すことのできる自分の能力を喜ぼう。

心地よい領域《コンフォート・ゾーン》とは

逆境の多くは簡単に避けられる。たとえば、車の燃料計を確認するだけで、高速道路でガス欠になるのを避けることができる。同じように、散歩に出かけるまえに天気予報を見れば、傘を忘れて雨にぬれることもない。さらに、逆境を避けるには、世のなかのしくみを学ぶといい。コンピューターのしくみや、特定のアプリのしくみを学んだ人は、そうでない人よりも逆境を経験することがずっと少なくなるだろう。コンピューターの「調子」が悪くなっても、どうすれば解決できるかがわかるのだから。

一方、目立たないものの、逆境の経験を減らす方法がほかにもある。起こった出来事が逆境となるのは、それが予想外に起こると同時に、より悪いことへと変わる場合だ。ストア哲学者は、望ましくない予想外の出来事を避ける準備をするだけでなく、自分にとって望ましくない出来事を変えるよう助言している。突飛に聞こえるかもしれないが、少し説明させてほしい。

夏の暑い日に、ある夫婦が車で空港に向かっているとしよう。途中で車のエアコンが壊れ、車内の温度が上がる。夫は暑さをあまり気にしない。地質学者なので、日差しには慣れている。一方、コンピューター・プログラマーである妻は、室内温度が管理されたオフィスで、日々過ごしているので、汗をかき、すぐに不平を言いはじめる。妻にとってエアコンの故障は重大で、予期しなかった悪い変化のため、逆境になる。

数時間後、夫婦が飛行機の座席についた場面に移ろう。妻は車にいたときよりも、かなり快適に感じている。飛行機の客室は気温が管理された環境だ。一方、夫は冷や汗をかいている。どうやら飛行機が苦手らしい。妻が車のなかで感じたつらさは身体的なものだった。夫のつらさは精神的ではあるが現実のものであり、多くの点で妻のつらさより深刻だ。飛行機が滑走路に入る。妻は夫の手を握って励ますが、効果はほとんどない。夫はこんな目にあわなければならないことに腹を立て、飛行機には二度と乗らないと言う。

似たようなことはだれもが経験しているだろう。**心地よい領域《コンフォート・ゾーン》は人によって異なる**。その領域がとても広く、さまざまな環境を心地よく感じられる人がいる。そういう人は驚くほど不快感を示さない。一方、すべてが適切でないと不満を感じる人もいる。

理由はどうあれ、不満の多い人は、しばしば、そのつらさをほかの人に伝えずにはいられないらしい。ほかの人にそれを気づかせ、できればなんとかしてもらいたいと思っている。そんな人を喜ばせようとして、部屋が暑すぎると言われたときに、エアコンをつけたとする。すると、今度はエアコンの音がうるさいと文句を言われるだろう。このような人は生きづらいにちがいない。日々、このような人と付き合わなくてはならない人も生きづらいだろうが。

あえて状況の悪化を願う

どうして人によってコンフォート・ゾーンがちがうのだろうか。また、そのゾーンの広さが人によって異なるのはどうしてだろうか。遺伝的に決まっているのだろうか。ある程度はそうだろう。けれども、コンフォート・ゾーンの大きさと形を決めるより強い要因は、これまでの経験だ。**コンフォート・ゾーンを拡張するには、身体的、または精神的な不快感を経験して自分を訓練するといい。**

古代のストア哲学者はそれに気づき、コンフォート・ゾーンの拡張——**「胆力を鍛える」**と呼ぼう——を実践すべきことのひとつとした。[1] そして、しばしば、いつもの行動から離れて、心地悪さに耐えるよう努めた。自虐的に思えるかもしれないが、計画を立てて不快な環境に身を置けば、日々、感じる不快感を減らすことができる。そのために、時間とエネルギーを投資すべきと考えたのだ。

先に進むまえに、胆力を鍛えることとストア哲学的冒険（11章）とのちがいを明らかにしておきたい。山に登るといったような冒険に出かけると、問題を経験することがある。言いかえれば、予想外の不快な出来事に遭遇する。そうすれば問題によりうまく対応できるようになるとストア哲学者は考えた。日々の暮らしで問題を経験したとしても、いらだったり怒ったりせずに、ストイック・テストととらえ、冷静に最適な対策を検討できる。ストア哲学的冒険に出かけるのは、人生において受けなければならないストイック・テストに備えて学ぶためだ。

一方、胆力を鍛える際には、突発的に悪いことが起きるのを待たない。むしろ、コンフォート・ゾーンを広げるために、あえて状況が悪くなるように行動する。予想外の要素はまったくない。

とはいえ、胆力を鍛えることとストア哲学的冒険を組み合わせることはできる。4000メートル級の山に登ることを計画しているとしよう。対処すべき問題が起こるのは織り込み済みだ。また、過去の経験から、この高さの山に登ると、高山病にかかることもわかっている。となれば、山に登るという冒険は、胆力を鍛えることにもなる。古代のストア哲学者は、この一石二鳥的なやり方をよしとしていた。胆力を鍛えながらストイック・テストに備えることができるという事実こそ、ストア哲学の神々がわたしたちを愛し、わたしたちの成長を願っている証だと冗談めかして言ったかもしれない。

胆力を鍛えることとネガティブ・ビジュアリゼーション（6章）とのちがいについても明らかにすべきだろう。ネガティブ・ビジュアリゼーションでは、状況がいかに悪くなりうるかを考える。胆力を鍛えるときは状況を悪化させる。ネガティブ・ビジュアリゼーションでは、昼食になにも食べるものがないといったことを想像する。どんな気持ちになるだろう、と考えてみる。胆力を鍛えるために昼食を抜くときは、なにも食べるものがないのはどんな気持ちだろうか、とただ考えることはない。どんな気持ちかはすぐにわかるし、1回食事を抜いても死なないこともわかる。そうなると自信が高まる。

恐怖に立ち向かう

コンフォート・ゾーンにはふたつの次元がある。ひとつは身体的なもの、もうひとつはない。

精神的なものだ。胆力を鍛えるときは、どちらのゾーンも拡大するようにしなければならない。

精神力を鍛えるには、恐怖に立ち向かう必要がある。つまり、恐怖を感じている自分に対処しなければならない（ちなみに潜在意識において、恐怖を感じる自分は怠け者の自分の隣にいる）。少しずつ、恐怖を感じる状況に自分を置くといい。[2] たとえば人まえで話すことが怖いのなら、少数の友好的な人たちのまえで話す機会を作る。心地よく話すことができたら、次はもう少し人数を増やす。このように恐怖を緩和していけば、いつか何百人もの聴衆をまえにしても恐怖を感じることがなくなるだろう。

この方法がどれほど効果的かを知るには、今、怖がらずにできることを考えてみるといい。プールの飛び込み台から怖がらずに飛び込むことができるのなら、それができるようになるまでどれだけの恐怖を克服したかを思い出してほしい。最初は、親の手にすがらずにプールの端の浅いところに慣れなければいけなかった。その後、ひとりで深いところで泳ぐのに慣れ、次はプールサイドに立って足から飛び込む、頭から飛び込む、飛び込み台に立って足から飛び込む、最後に頭から飛び込むことに慣れる必要があった。それぞれの段階で恐怖を感じただろう。けれども、何度かくり返すうちに怖くなくなったはずだ。

はじめて車を運転したとき、どれだけ怖かったかを覚えているだろうか。はじめて縦列駐車をしたときのことは？ 今は恐怖を感じないだろう。運転しながら、携帯電話でメールをチェックしているほどかもしれない。ただ、それはやめたほうがいい。

「習うより慣れよ」ということわざがある。真実かどうかはわからないが、慣れれば不快でなくなるのは確かだ。**恐怖を感じることでも何度も行えば、怖くなくなるだけでなく、無意識にできるようになる。**とはいえ、恐怖のせいで運転や泳ぎを覚えられなかった人は、こうした話がぴんとこないかもしれない。そういう人にはほかの方法がある。その恐怖に立ち向かうことで、胆力を鍛えるといい。たとえば、自動車運転講習や水泳のクラスに参加して自分を鍛えよう。

身体を鍛える

胆力を鍛えるには、精神的に不快なことだけでなく、身体的に不快なことにも対処しなければならない。夏は、エアコンの効いた部屋ではなく、暑い戸外で過ごしてみてはどうだろうか。冬は、寒い場所で過ごすだけでなく、薄着になってもいい。たとえば、わたしは10月にわざと寒い思いをするために、ほかの人がセーターを着ていてもシャツ1枚で外出する。そうすれば、1月になって、ほかの人が何枚も重ね着をしながら寒そうにしていても、セーター1枚だけで暖かく感じることができる。

食習慣を通じても胆力を鍛えることができる。間食をやめて、食事の量を減らしてみよう。空腹を感じるだろうが、もしかしたら人生ではじめて空腹について考える機会になるかもしれない。[3] その結果、興味深い発見もするだろう。たとえば、新しい習慣に身体が慣れて、食事の量を減らしても、以前のように空腹を感じなくなるのではないだろうか。すると、それまで空腹と考えていたものは生物学的な空腹ではなく、退屈と不満による精神的なものだったと気づく。

食事を通じて胆力を鍛えれば、減量という希望の光も見えるかもしれない。また、以前よりも食事に深く満足できるようになるだろう。

胆力を鍛えるには運動も取り入れるべきだ。もちろん、どのような運動をするかは現在の体調、年齢、健康状態による。近所をひと回りする人もいれば、何キロもランニングをする人もいるだろう。運動を始めたばかりのときは、運動をしているときだけでなく、終わったあとも、ある程度の身体的な不快感を覚える人が多い。その日は疲れを感じ、翌日には身体が痛むかもしれない。

この時点では、運動は心地よさを生むどころか、むしろ逆効果だと思うかもしれない。けれども、胆力を鍛える目的は、つねに心地よい環境にいることではなく、コンフォート・ゾーンを拡張して、さまざまな状況において心地よくいられるようにすることにある。そうなるまでには不快感という代償を払わなければならないが、見返りは概して代償よりも大きい。

運動を続ければ、筋肉痛がなくなるだけでなく、以前よりも心地よさを感じるようになるだろう。運動を始めるまえには、散歩をしたり階段を昇ったりするだけで息が切れていたとしても、そのうちに足取り軽く動きまわれるようになる。運動をしているために、今後、不快な状況に陥っても、身体がそれに立ち向かえるようになっているという安心を感じられる。

貧しさを喜ぶ

胆力が強くなれば、さらに鍛錬を強化することができる。もちろん、健康に害がない程度にとどめなければならないが、たとえば、運動のために歩いているなら、早足歩きの区間や、さらにはランニングを組み込むといい。ランニングをしているなら、距離を延ばしたり、全力走を実験的に取り入れてみたりすることもできる。同様に、食事を通じて胆力を鍛えるなら、実験的に断食してもいいかもしれない。まず1食抜いてみることから始めて、次に1日なにも食べないようにする。そうすれば、緊急事態にも対応できるという自信が生まれる。とくに予想外の事態が起こって食事ができなくなっても、自発的に何度もやったことがある断食を否応なしに行っているだけなので、平気でいられる。

ライフスタイルを通して胆力を鍛えるのもいい。**一時期、生活を劇的に質素にしてみる**のはどうだろうか。ローマでもっとも裕福な人物のひとりだったセネカは、ときおり「貧乏の実践」をした。それをほかの人にも勧めている。「数日間、きわめて少量で粗末な食事をとり、ごわごわした服を着て過ごしてから、自分自身に向かって問うといい。『これが恐れていたものか』と」[4]

セネカは一定期間、貧しい生活をしてみることを勧めたが、ストア派の哲学者であり、ギャロス島への流刑にうまく対処したムソニウス・ルフス（4章）は、つねに質素に生きるべきだと考えた。食事は質素なものを分別ある量をとるだけで満足し、服も質素なものにするべきであり、住居についても、おもな目的は雨風から逃れ、厳しい暑さや寒さから身を守ることなのだから、小さな洞窟に住めばこと足りるとした。[5]

貧乏の実践をするにしても、質素に暮らすにしても、喜びをもたらしてくれるものを見つけるべきだろう。晴れた日は空を見上げる。青空でなくてもいいが、青空なら、なおすばらしい。屋内で過ごすなら、出会う人の顔に浮かぶ笑みに感謝しよう。笑顔はあたりまえのものと思われがちだが、すばらしい贈り物である。

喜びをもたらしてくれるものを集めれば、わたしが**「喜びを喜ぶ《メタデライト》」**と名づけた経験ができるかもしれない。それは**喜びを見出せる自分の能力に喜びを覚えること**だ。セネカはこの現象を認識していた。「大麦の粥《かゆ》、あるいは大麦のパンのひとかけらと水は陽気になれるような食事ではないが、このようなものからも楽しみを得られることは、なによりもすばらしい喜びだ[6]」

喜びを味わう能力を鍛える

胆力を鍛えることについて論じ終えるまえに、つけ加えたいことがある。わたしが紹介した方法は、風変わりな宗教家が実践する自己否定の行動のように思えるかもしれないが、重要な点でちがいがある。宗教的苦行の場合は、たいがい死後をよりよいものにするために、みずからの喜びを否定し、さまざまな苦痛に身をゆだねる。神が苦行者の真剣さに心を打たれ、天国で永遠の命を与えてくれるはずだ、と信じる。一方、ストア哲学者が胆力を鍛えるのは、よりよい人生を送るためである。

古代ストア哲学者は快楽主義者ではなかった。快楽の経験を最大化するのではなく、**平静を獲得し、維持すること**をめざした。ところで、もしあなたがストア哲学者に対して「選択肢を検討した結果、ストア主義者になるのはやめて快楽主義者に、つまり喜びを追求して生きることにした」と告げたらどうなるだろうか。

たとえそう告げたとしても、ストア哲学者は胆力を鍛えることを勧めるだろう。奇妙に思えるかもしれないが、**快適な経験をしすぎると、喜びを味わう能力が弱ってしまう**からだ。セネカはこう言った。「快楽によって心身が堕落《だらく》すると、どんなものにも耐えられないように思えてくる。困難に直面したからではなく、あなたの心が弱いからである[7]」胆力を鍛えれば、感じる喜びは大きくなる。朝、寒い戸外で過ごすようにすれば、家に入ったときに感じる暖かさは甘美なものになるだろう。毎日アイスクリームを食べる人は、おいしいアイスクリームでなければ満足できない。けれども、アイスクリームを食べるのが年に二、三度だけならば、アイスクリームがとてもおいしく感じられる。快楽主義者はこうした大きな喜びを感じられないだろう、と憐れみを覚えるほどだ。

14章

「順境」も冷静に受けとめる

14章のポイント

・万事順調なときは、逆転劇に注意する必要がある。
・行きすぎた幸運は理性を揺るがす。
・理想的には、幸運と不運には同じように対処すべきだ。
・よい知らせは口外しないほうがよい。

絶好調でも浮かれない

人生には万事順調なときがある。逆境にほとんどあわず、あったとしても容易に乗り越えられる。人生は本来そうあるべきだと思う人もいるだろう。とはいえ、ストイック・テストという点から考えると、気持ちは複雑だ。「ストア主義者の本領を発揮する」機会が奪われると不満を抱く人もいるかもしれない。けれども、これはストア哲学的冒険をすることによって対処できる。また、万事順調であることに不安を覚える人もいるだろう。ストア哲学の神々が、これから巧妙な試練を与えるつもりで、当面、逆境を作らないようにしているのではないか、と。少し説明させてほしい。

すでに述べたように、わたしはボートを漕ぐ。あまり上手ではないが本格的にやっていて、マスターズの大会に出ている。とは言っても、この表現は誤解を招きかねない。マスターズに出るには競技者として熟達する必要はなく、ただ年をとっていればいい。条件を公平にするため、マスターズの出場者には、年齢に応じたハンディキャップがある。わたしのハンディは38秒。つまり、1000メートルのレースに出る「若い」、たとえば28歳くらいの人は、わたしより38秒速いタイムでゴールしてはじめてわたしと互角になる。来年は、わたしのハンディが40秒になるので、待ち遠しくて仕方がない。

ハンディキャップがあるために、マスターズのレースでは最初にゴールした者が必ずしも優勝するとはかぎらない。計測タイムからハンディキャップを引いて年齢差を調整し、調整後のタイムがもっともよい者が勝者となる。そのため、最後にゴールした高齢の参加者が優勝することもありうる。同様に、若い参加者が最初にゴールしても、年齢差を調整すると最下位になる可能性もある。

数年まえ、競争の激しい1000メートルレースに参加したときのことだ。われながら、うまく戦った。プラン通りにレースを進め、大きなミスもなかった。700メートル地点でわたしのなかにいる怠け者のビルがいきなり現れ、「ねえ、ゆっくり行こうよ」と何度も言ったが、それもなんとかかわした。レース終了後、ボートを岸に着け、トレーラーに戻した。しばらくすると、会場のスピーカーを通してレースの結果が発表された。優勝者はわたしだ。金メダルをもらいに行き、それを手渡された瞬間、達成感が湧いてきた。最高の気分だった。

メダルを首にかけ、チームの仲間に見せようと意気揚々とトレーラーまで戻った。そして、最後の300メートルをいかにして切り抜けたか、最後の5漕ぎは心臓が破裂するかと思うほどだったなどと、勝利のための戦略をだれ彼となく語って聞かせた。メダルをかけた姿を撮りたいという人には、快く応じた。ところが、スピーカーからふたたび音声が流れた。先ほどの発表にミスがあったという。新たな上位3人の名前が読みあげられた。そのなかにわたしの名前はなかった。

いったいどういうことか、と計測テントに訊きに行った。すると、競技委員がわたしのハンディキャップタイムを過大に計算してしまったとのこと。正しく計算し直すと、わたしは1位から最下位に転落したらしい。なんだって！　呆然としたが、そのとき、自分が

逆転劇のターゲットになっていたことに気づいた。

これまで述べてきたように、逆境に直面するときは、ストア哲学の神々がわたしたちの前途に予想外の障害物を置く。一方、順調なときは、ストア哲学の神々は逆転劇をちゃんと用意している。マスターズの大会では、最下位だったわたしに優勝したと思い込ませた。そのせいで、そのあとに経験した逆境はわたしにとっていっそうつらいものだった。調子に乗ったわたしは、みずからを笑いものにしたのだからなおさらだ。わたしがストア主義者として、まだまだであることがさらけだされた。ストア主義者として鍛錬するため

にレースに参加しているつもりだったが、このときは、ただ勝ったことを自慢していた。ああ、恥ずかしい。

わたしはなんとか平静を取り戻そうとした。メダルを返してから、ストア哲学の神々の巧妙さを称え、チームのトレーラーのところへ戻った。仲間に計算ミスがあったことを説明し、自嘲気味に冗談を言った。「今度、勝ったときはメダルをもらいに行かずに、計測テントに行って計算をし直すように言うよ」

行きすぎた幸運をどうとらえるか

古代ギリシャの人々は逆転劇という現象をよくわかっていて、過剰なうぬぼれや愚かな慢心といった思いあがりは、女神ネメシスに懲《こ》らしめられると考えた。ネメシスは、自分の将来がうまくいくはずだと期待するだけでなく、うまくいくのが当然だと確信している人間が許せない。そういう人間を見つけると、躊躇《ちゅうちょ》なく現実に引き戻す。なぜ自分だけが問題を免れうると考えるのか。単なる人間にすぎないのに、とでも言うように。強大な力を持つ無情なネメシスから逃れることはできない。しかも、ネメシスは残酷なだけでなく、皮肉な逆境を用意する能力を持っていた。

ネメシスの罰を与えられたことでよく知られているのがナルキッソスだ。美青年ナルキッソスは多くの人々に愛されたが、だれに対してもつれなかった。つまるところ、自己愛者《ナルシシスト》だった。ナルキッソスは自分をこよなく愛していた。そこで、ネメシスは行動を起こした。ナルキッソスを池に誘いだし、水面に映る彼自身の姿を見せた。ナルキッソスは自分の美しさにくぎづけになり、池から離れることができず、やつれ果てて死んだ。

べつの例をあげよう。暴君ポリュクラテスは自分の人生がとてもうまくいっていることに気づき、ネメシスがそれを察知して、幸運な自分に罰を与えるのではないかと不安になった。ネメシスの怒りを買わぬよう大量の捧げ物をしても幸運は続いた。そこで、海へ出て、いちばん大事な指輪を投げ込み、ネメシスに捧げた。

これで大丈夫だと確信したポリュクラテスは、陸に戻り、大きな宴を催すことにした。料理人は宴に出す魚を捕ってくるように指示を出した。何百匹もの魚が運び込まれ、料理人がそれをさばきはじめた。もっとも大きな魚を開くと、ポリュクラテスが海に投げ込んだ指輪が見つかった。これはネメシスが捧げ物を受け入れなかったしるしにちがいない。そう考えたポリュクラテスは、不安のあまり食事ができなくなり、ナルキッソスと同じように命を落とした。

古代ローマのストア哲学者は、逆境にあわない時期がもたらす危険を十分に認識していた。セネカは次のように警告している。「どんなことも行きすぎれば災いとなるが、**もっとも危険なのは行きすぎた幸運だ。**理性を揺るがし、怠惰な夢を貪《むさぼ》らせ、偽りと真実の区別を霧で覆う[1]」そうした時期はいつか必ず終わる。終わりが来たとき、終わりのきっかけとなった逆境がとりわけつらく感じられるだろう。

幸運も不運も同じ

これまで見てきたように、古代のストア哲学者は楽しみや、さらには喜びといったプラスの感情を味わうことを否定はしなかった。けれども、最終的に逆境に陥ったときにみじめな思いをしかねないので、浮かれないよう戒めた。すなわち、**幸運に対しても、理想的には不運と同じように対処するべきである。**正しく対処すれば、それが幸運なのか不運なのかをほかの人に知られずにすむ。わたしはボートのレースに「勝った」とき、この助言に従わなかった。まったく情けない。今度こそちゃんと学んだはずだ。そう思いたいが、時間がたってみないとわからない。

よい知らせは口外しないほうがいいという助言を受け入れない人がいる。自分の成功を友人や身内と分かちあえば、彼らの人生にも喜びがもたらされると信じているらしい。そういったことも起こるかもしれないが、逆に反感を持たれる可能性もある。とくに成功した人が、それを当然だとでもいうように自慢するようになったとする。そうした態度を感じとった友人や身内は、ひそかにではあっても、敵対するようになるかもしれない。成功した人のほうがすぐれている、もっとがんばっている、より成功に値するなどとは考えない。成功したのは運がよかったからにすぎないのに、うぬぼれて運のよさをひけらかしていると受けとる。

成功を公にしていないのに、ほかの人に気づかれるときもあるだろう。その場合は、**成功を幸運のおかげだと説明するのが、社会的にもっとも安全だ**。だれもがすでにそう思っているだろうから、反論されることもない。また、ストア哲学の神々が高くなった鼻をへし折ろうとする企てに、まわりの人が知らずに加担することも少なくなるだろう。

6章では、ダニエル・カーネマンがエイモス・トベルスキーと共同でアンカリングとフレーミングに関する先駆的な研究を行ったことを述べた。その研究が、２０１１年に一般読者を対象とした書籍『ファスト&スロー——あなたの意思はどのように決まるか?』にまとめられた。だが、カーネマンはこの執筆によって大学教授としての評価に傷がつくのではないかと心配だった。大学教授たる者、「一般の人々」にわかりやすい本(今、みなさんが読んでいる本書のようなもの)を書いて稼ぐものではないとされている。それでもカーネマンは執筆し、出版した。著書はたちまち、ニューヨーク・タイムズ紙のベストセラー・リストの一冊になった。

カーネマンは驚き、リストに入ったのはなにかのまちがいだ、ときまり悪そうに同僚に釈明した。けれども、それがずっと続くと、今度は、ニューヨーク・タイムズ紙が当初のミスを認めなくていいように、リストをずっと変えずにいるのだと言い訳を変えた。[2] これはやっかみを買わないようにするための賢明な策だった。

15章

死——卒業試験

15章のポイント

・「コントロールできないことは思い悩まない」がストア哲学の教えだ。
・人間に必ず訪れる「死」について考えることは重要である。
・「これをするのは最後かもしれない」と考えることが、死への備えになる。
・未来でなく、今をよりすばらしいものにするために、自分を変えよう。

「この瞬間」を生きる

泣いても笑っても、わたしたちは死ぬ。ストア哲学者は、若くてすこぶる健康な人にも死について考えてみるよう勧めている。どのような方法で行えばいいかを探ってみよう。

6章でネガティブ・ビジュアリゼーションについて説明した。ネガティブ・ビジュアリゼーションでは、昼食、家、配偶者など、実際にはあるものをないものと想像し、具体的なイメージにする。失ってしまったらどうしよう、と思い悩む必要はなく、失った状況をイメージしてみるだけでいい。精神的な努力も時間もそれほどいらない。この方法を用いれば、日々、まわりにあるものを当然だと思う気持ちが一時的に抑えられ、今、生きていることを楽しめるようになる。

死について考えるときは、仕事や配偶者ではなく、自分の存在がなくなったらどうなるかを想像してみるといい。とはいえ、これは不可能だ。存在がなくなれば、死ぬとはどういうことかを経験する者がいなくなる。代わりに、自分が生まれてこなかったとしたら、この世界はどうなっていたかを想像してみてもいいかもしれない。しかし、この方法も、

1946年の映画『素晴らしき哉《かな》、人生!』に登場する二級天使クラレンス・オドバディのような存在が助けてくれないかぎり、単なる推測にすぎない。幸い、ネガティブ・ビジュアリゼーションには、死について考えるのに役立つさまざまな方法がある。

そのひとつが**「最後のときを思う」**とでもいうべき方法で、死は必ず来るのだから、どんな行いにも最後があることを考える。電灯を消すにも、夕食をとるにも、親、配偶者、子ども、友人に別れの挨拶をするにも最後のときがある。すでに最後のときを迎えたものもあるだろう。たとえば、ダイヤル式の電話をかける、タイプライターのキーを叩く、数学の試験を受けるといったことをする機会はおそらくもうない。最後の呼吸をするとき、最後に枕に頭を乗せるときはこれからやってくる。

「最後のときを思う」方法では、**日々のなかでときどき立ち止まり、どんなことでもこれをするのは最後かもしれないと考える**。実際、読者のみなさんが最後に読む本が本書になったり、それどころか、最後に読む文章がこの文章になったりする可能性がないわけではないが、本書を終わりまで読んでいただき、その後も、長く幸せな人生を送られることを切に願う。「最後のときを思う」と気が滅入るかもしれない。けれども、この方法は日々の出来事に意味を与える力を持っている。

ネガティブ・ビジュアリゼーションのもうひとつの方法は、**「将来、振り返ったときのことを考える」**というものだ。日々を送りながらときどき立ち止まり、将来のある時点で、「この瞬間」まで時を遡れたらいいのにと思うかもしれないと考える。今は、夕食の材料を買いに車を走らせているだけかもしれない。けれどもこの先、長く生きれば、**この平凡きわまりない瞬間にこそもう一度戻りたい**と振り返るようになるのではないだろうか。

たとえば何十年も死を免れることができ、子どもたちによって老人ホームに入れられたとしよう。共用スペースの隅のほうにあるテレビから大きな音が流れてくるのを聞きながら、車の運転や、自分で料理することができた日々が夢の世界のことのように感じられ、恋しくなるかもしれない。「将来、振り返ったときのことを考える」という手法を用いると、今、なにをしているかにかかわらず、将来の自分が夢のように思うであろう世界に生きているということに気づかされる。今そうした夢のなかで生きていることを楽しむべきだろう。

このように死について考えることを、死への病的な強迫観念の兆候だととらえる人もいるかもしれない。けれども、ストア主義者はそうはとらえない。死について考えても、思い悩んでいるわけではない。ちょっとした瞬間に考えるだけで、気が滅入るというよりも、新たな活力を得ることができるからだ。

日々のくり返しに飽《あ》き、うんざりする人も多い。これは不幸なことだ。日々、うんざりしていれば、人生もうんざりするものになってしまう。ネガティブ・ビジュアリゼーションを実践すれば、一瞬一瞬を堪え忍ぶのではなく、最大限に楽しむ機会を増やし、ひいては人生がもたらす喜びを余すことなく手にすることができるかもしれない。日々を無為に過ごすのではなく、今、生きている日々を大事にし、称えるようにさえなる。

ストア主義者は、死が待っていることは幸運だとまで言うだろう。もし不死身であり、そのことを知っているならば、日々があたりまえのようにしか感じられなくなる。今日をむだにしても大丈夫。死なないのだから、必ず明日が来る、と。一方、いずれは死ぬ運命であることを認めれば、一日一日が人生という銀行から引き出したものであり、残高には限りがあることを痛感する。たいがいは、あと何日残っているかはわからない。残りは１日で、今日が最後の日かもしれないし、２万５５００日で、あと70年生きられるかもしれない。いずれにせよ残された日々は限りある貴重なものであり、むだにするのは愚かなことだ。

死後ではなく、今を変える

幼いころは自分がいつか死ぬことを知らなかっただろう。けれども、そのうちに、おそらくはペットや近所の人や身内を亡くし、死というものを知る。すると自分もいつか死ぬとわかってくるが、まだ漠然とした観念でしかない。死ぬのは確かだが、きっと何十年も先の遠い未来のことだ。そう思い込めば、死という考えを心の奥底に、あるいはそこにある秘密の部屋に押し込めることができる。

自分の死について深く考えることもないまま死んでしまう人もいる。若くて健康で、それまで何千回とやってきたように床につき、眠っているあいだに逝《い》ってしまう。とはいえ、たいがいの人は人生のどこかの時点で、自分の死に向き合うことを迫られる。たとえば、医師の診察を受け、膵臓《すいぞう》がんが進行していて余命わずか1年と告げられるかもしれない。あるいは、戦場で撃たれて大量出血し、あと何分かで死んでしまうことをみずから悟るかもしれない。

子どものころ、動物や人が死ぬことを知ったときは、親がオブラートに包んだ言葉で死について説明してくれただろう。飼っていた犬のローバーが死んだときに、ローバーは天国へ行って幸せにしていると話してくれたかもしれない。身内や近所の人が亡くなったときも同じようなことを言っただろう。そう聞かされて育った子どもは、いずれ天国に行ったとき、ローバーを膝に乗せたおばあちゃんに会えるかもしれない。すばらしいことだ。

多くの人は、子どものころに得たこうした死の概念から抜け出せない。理由は簡単だ。天国があることを信じれば、死に対する痛みがやわらぐだけでなく、死を待ち望むようにすらなる。なにしろ、天国へ行けば、先に旅立った大切な人たちに会えるのだから。そこでは人生をやり直すこともできる。天国では永遠の命をもらえるので、飼い犬や大切な人の死、そしてなによりも自分自身の死をもう恐れる必要がない。これ以上すてきなことがあるだろうか。

とはいえ、天国での日々については重要な疑問がいくつかある。地上での生を終えたあともわたしたちの存在が続くという証拠はあまりないが、仮にそういったことが起こるとしよう。地上を旅立ったあとに行くのは天国ではなく、地獄かもしれない。ローマカトリック教徒が教義に従って天国へ行くために必要なことをすべて行ったとしても、あるいは、あなたがローマ教皇だったとしても、地上にいる18億のイスラム教徒が正しくて、ローマカトリック教徒は時間をむだにしたということもありうる。逆に、敬虔《けいけん》なイスラム教徒がジャンナあるいは楽園と呼ぶ天上に行くために必要なことをすべて行っても、地上の12億のローマカトリック教徒が正しくて、イスラム教徒にとっては残念な結果に終わるかもしれない。

また、たとえ天国へ行くことになったとしても、すでに述べたように、天国でいつまでも幸せに暮らせるかどうかはわからない。地上にいたときのように、なんでもあたりまえのことと考えれば、やがて天国での日々もあたりまえのものになり、そのうちに不満を口にするようになるだろう。

わたしがこう話すと、死んだら心を入れ替えるから、天国での日々に大いに満足するはずだと言う人がいる。では訊こう。死後の日々に満足できるように変わることができるなら、**なぜまだ地上にいるあいだに自分を変えて、今の日々をよりすばらしいものにしないのだろうか。**

差し迫った死をどうとらえるか

自分がいつ、どのように死ぬかを知ったとしよう。さて、どうするだろうか。ストア主義者ならこの問題にすぐに答えられるだろう。彼らにとって人生の最大の目標は、心の平静を得て、それを維持することだ。だから憂い、恐れ、怒り、悔いといったマイナスの感情をできるだけ味わわずに過ごし、人生がもたらすはずの喜びを大事にする。**死に向かう日々を、よき人生にふさわしい美しい最高点とする機会ととらえるだろう。**

また、ストア主義者は、よい死に方を妨げるさまざまな障害があることを知っている。たとえば激しい痛みだ。ストア主義者はマイナスの感情を覚えないようにすること、その努力がうまくいかなかった場合には、マイナスの感情に対処することに長《た》けている。それでも、痛みは感覚であって感情ではない。痛みが大きければ、論理的な思考力が損なわれ、ストア哲学の神々に与えられた人生の挑戦に対処するためのツールを失いかねない。また、人生が終わりを迎えるころに認知症を発症した場合も、論理的に考える力がなくなり、よい人生の終わりが不幸なものになる。

死ぬまで平静を保つという目標はきわめて理にかなっているように思うが、どうすれば実現できるだろうか。ここでもまた、ストイック・テスト戦略が役に立つ。ただし、今度の挑戦は携帯電話や仕事や自由を失うのではなく、命を失うことだ。ストア哲学の最終試験であり、これまでのストイック・テストは、すべてこのための準備だったと言えるだろう。7章で、フレーミングをうまく使うことによって、日々、直面する逆境を耐えやすいものにすることを学んだ。**死への旅立ちを容易にするためにもフレーミングが役に立つ。**

卒業試験は、ストア哲学のほかの試験と同じように2部構成になっている。まず、逆境への対処法を探す。もしがんと診断されたら、セカンドオピニオンを求め、場合によっては試験的な治療を検討する。同様に、戦場で負傷したら、助けが来るかもしれないので、出血を抑えるように努める。そうしながらも、できるかぎり平静を保ち、集中することが重要になる。

けれども、よい対処法が見つからないときは、どうしたらいいだろうか。死が差し迫り、もう逃れられないと判断したら？　そのときは、べつの選択肢、すなわち、可能なかぎりよい死に方をすることに注力する。こういうときこそ、ストア哲学的トレーニングがものを言う。

本章で述べた「最後のときを考える」手法を思い出してみよう。自分がいつ、どのような状況で死ぬことになりそうかがわかってくると、「最後のときを考える」ことが自然と日課になるだろう。今している会話、今とっている食事、今交わしているキスが最後かもしれないと気づけば、それぞれが特別な意味を持つようになる。逆説的だが、そうすることによって、これまでよりも生きていることを実感するかもしれない。**死をまえにして、ようやく人生がどれほど美しく、すばらしいものであるかが理解できるようになる。**

よい死を迎えられるようにするために、忘れてはならないことがある。それは、**コントロールできないことは思い悩まない**というストア哲学の考え方のひとつだ。コントロールできないことを思い悩むのは、どんな状況においても時間のむだであり、とくに死に臨むときには残りわずかの貴重な時間の浪費となる。差し迫った死を敵に回すのではなく、受け入れることが必要だ。多くの年長者はこれを直観的に悟り、旅立つときが来たと身近にいる者に知らせる。

わたしたちは社会的に有用でなければならない、というのがストア哲学のもうひとつの重要な考え方だ。これは、自分の身近にいる者がよりよい人生を送るための助けとなるべきことを意味する。ストア主義者は、自分の死が他者にとって生き方を見つめ直す絶好の機会になることを理解している。人生は一度しかないのだから、喜びを味わえる力があるにもかかわらず自分を憐れみ、たとえ一瞬でもむだにするのは愚かであることを周囲の人間に気づかせる。同時に、人生の最後の日々を通して、よき死に方とはどういうものかを周囲に示すこともできる。

「人生」という本をどう書くか

死をめぐる議論の締めくくりに3つの事例を考えてみよう。1996年、心理学者のエイモス・トベルスキーは転移性メラノーマによって、自分が死に瀕《ひん》していることを知った。それでもこれまでどおりの日常を送り、病気であることを出会う人のほとんどに気づかせず、やがて59歳で亡くなった。差し迫った死について語りあうなかで、友人に次のように言っている。「人生は書物だ。**ページ数が少ないからといって、よい書でなかったというわけではない**。とてもすばらしい書だった」[1]

トベルスキーは自然死だったが、短時間で苦痛なく命を絶つことができる薬も手に入れてあった。古代のストア哲学者はこの選択を理解しただろう。自殺については、ある状況下では倫理的に容認できるだけでなく、理にかなっていると考えていたからだ。たとえば、セネカは、神がみずからの考えを次のように説明したと想像している。「わたしは死よりも容易なものは作らなかった。命は下り坂に置いた。もしその坂が長くなったとしても、よく見れば、自由への道がいかに短く、いかに容易かがわかる」[2]つまり、死ぬということはストア主義者の卒業試験としては易しいものである。**難しいのは平静を保つことだ。**ストア哲学では、生き続けることによって他者を助けられるのであれば、自殺するのは卑怯だとされているのを付け加えておこう。

トベルスキーの言う「人生は書物」という比喩《ひゆ》について、もう少し説明しよう。生きることは、フィクションとノンフィクションを精妙に組み合わせた小説を書くようなものだ。毎日、新たな1日の出来事を書き加えるが、主人公の考え、発言、行動については創造的な自由がある。主人公はあなた自身だ。あなたはできることであればなにをしてもいい。とはいえ、現実にもとづいたものでなければならない。舞台は今の現実の世界だ。登場人物は実在し、主人公の行動に対して実際にするであろう反応をしなくてはならない。

こうした仕様を満たす小説を書くのは簡単ではないだろうが、さらに難しい要因がある。それは、編集者が締め切りを設定してくれないことだ。編集者は、好きなときに原稿をダウンロードして出版できる。それは明日かもしれないし、数十年後かもしれない。締め切りは、文字どおり、人生の死線のようなものだ。

　こうした状況にある以上、編集者にいつ出版されてもいいように、小説を完成させておく、あるいはできるかぎり完成度の高いものに仕上げておくべきである。もちろん、ストーリーの要素のなかには未解決のものもあるだろうが、大事なことは書いておかなければならない。とくに、恩がある人には感謝し、愛する人には気持ちを伝える。話の筋のなかで変えたいと思うところはほとんどないだろう。なぜなら、すべて自分が選択したことだし、さらに重要なのが、どのような人生を送ろうともそれをみずから進んで受け入れてきたからだ。

死は最大の冒険だ

死は試験としてだけでなく、「冒険」としてもフレーミングできる。事実、**人生における最後の冒険であり、多くの意味で最大の冒険でもある。**そうとらえれば、死を恐れることなく、期待を持って迎えられる。奇妙に感じるだろうが、古代のストア哲学者ユリウス・カヌスはそれをうまくやってのけた。

ローマ皇帝カリグラは、皇帝の座にあったときに、多くの人を取るに足らない理由で死刑にした。カヌスもそのひとりだ。百人隊長が処刑場へ連行しに来たとき、カヌスはほかの囚人とボードゲームに興じていた。カヌスは不満を訴えた。処刑されることではなく、ゲームを終えられないことに。そして、百人隊長に、ゲームの相手が勝ったと主張しても信じないように、と言った。ゲームから抜けなければならなかったとき、自分のほうが一手勝っていたのだから。[3] このふるまいはいくぶん虚勢を張ったものかもしれないが、2000年後の今でも、いかにも哲学者らしい場面だと感心させられる。

では、カヌスはどうやって差し迫った死に対する痛みをやわらげたのか。**死を冒険ととらえたのである。**この問いを処刑直前にカヌスに投げかけた者がいた。カヌスは、死の瞬間を観察するつもりでいると答えた。自分の魂が肉体から離脱するのを目撃できるのだろうか、と。死はカヌスの未来にとっては逆境だったが、そこにも価値を見出すことで、明るい兆しとなった。

ピュリツァー賞と全米図書賞を受賞したアメリカの詩人メアリー・オリバーは、「死が訪れたら（*When Death Comes*）」という作品で、死についてカヌスと同じような考えを示している。「肩甲骨の間にある氷山」のように死が訪れたとき、もはや対処するには遅すぎるとしても、自分がこの世の訪問者にすぎなかったことを認めたくない。最後にため息をついたり、おびえたり、言い争ったりしたくない。むしろ「驚きに連れ添う花嫁」の役割を演じて一生を送ったことを知り、「暗黒の小さな別荘」に好奇心を抱いて足を踏み入れたい。自覚していたかどうかはわからないが、オリバーが生と死に対して示した姿勢は、ストア哲学者と同じものである。

セネカの崇高な死

古代ローマのストア哲学者のうち、本書でもっとも大きな役割を果たしているのはセネカだ。セネカは逆境だけでなく、最後の逆境である死についても論じている。そこで、セネカの死を語って本章の締めくくりとしたい。

ストア哲学者は、これまで見てきたとおり、時の権力者の不評を買う傾向があった。パコニウス・アグリピヌスは追放刑、カヌスは死刑、ムソニウス・ルフスは一度ならず二度までも追放刑に処せられた。セネカの場合は、不義を犯したとされて、ローマ皇帝クラウディウスから死刑宣告を受けた。この宣告は、コルシカ島への追放に減刑された。コルシカ島から戻るとネロが皇帝の座にあり、セネカは側近の顧問としてネロに仕えた。しかし、ネロは常軌を逸した行動をするようになり、のちに反逆を疑って、セネカの死刑を命じた。

セネカは自害するか、他者の手にかかるかの選択を迫られ、自害を選んだ。友人と家族が最期に立ち会うことを許された。だれかが泣くと、セネカはストア哲学を捨てたのかと咎《とが》めた。このときこそ、ストア哲学が頼りになるはずだった。セネカは妻を抱きしめ、自分の静脈を切った。ところが絶命しない。老齢で虚弱だったため、なかなか出血しなかった。そこで脚の動脈を切ったが、それでも息絶えない。毒を求めて飲んだが、それも効果がなかった。ついには蒸し風呂に運んでもらい、そこで果てた。セネカは、最期までストア哲学の教えに忠実だった。

ストア哲学の神々が見ていたら、セネカのために涙を流したにちがいない。なんと言ってもストア哲学の神々はストア主義者であるから、セネカの死の崇高さを大いに評価しただろう。

終章

ふたたび空港で

最後の冒険

本書は空港での話で始まった。最後もまた空港での話で締めくくろうと思う。2017年のはじめ、ストア哲学の研究に関する、思いも寄らない一連の出来事の結果、わたしはフランスの文化大臣からルーブル美術館の展示のオープニングに招待された。一生に一度の経験になるかもしれないだけでなく、冒険の要素もあったため、招待を受けた。

妻とともにアトランタに飛び、週末をパリで過ごす予定で深夜便に乗りかえた。翌朝、フランスに到着するのに備えて、わたしはパスポートに手を伸ばした。ところが、しまったはずの場所になかった。ポケット、持ち込み手荷物、座席、さらにその周辺を三度探したが、出てこなかった。それを見た客室乗務員が、どうしたのかと声をかけてくれた。わたしはパスポートが見つからないことを説明した。「ご心配なく。よくあることですから。すぐに見つかりますよ」客室乗務員はそう言っていっしょに探してくれたが、まもなく切りあげなければならなかった。飛行機が最終降下に入ったからだ。着陸してからまた探しましょう、と客室乗務員は言った。

ほかの乗客が降りたあと、客室乗務員は熱心に探してくれた。座席の一部を分解さえした。けれども見つからなかった。そのときべつの客室乗務員が戻ってきて、わたしたちがなにをやっているかを察したらしい。「大丈夫ですよ。わたしが見つけてあげます」そう言って、わたしのポケットのなかのものをすべて出させた（ポケットをひっくり返して探したのは、これがはじめてではなかった）。服の下にセキュリティーポーチを着けていないかと尋ねられたので、「もう調べたんです」と答えたが、「もう一度、見てみましょう」と言われた。そこで、気まずい思いをしながらポーチを引っ張りだしたが、やはりなかった。

そうこうしているうちに、さらに4人の客室乗務員が加わった。みながあちこちのぞいてはさまざまな提案をしているうちに、パイロットまでが戻ってきて助言をしはじめた。わたしは驚き、これほど注目を浴びているのに当惑した。そして、パスポートが見つからないまま、飛行機を降りて待つことに決めた。地上勤務員が、機内を念入りに清掃するのでパスポートがあればきっと見つかる、と説明してくれた。

だが、見つからなかった。その時点で、**これはストア哲学の神々の仕業だと思った。ストイック・テストなのだ、と。**

逆境に感謝する

パスポートはひとりでに消えるものではない。アトランタの空港の搭乗ブリッジで見せてから機内の座席に着くまでのあいだに落としたパスポートをだれかが拾って、売るのを目的にポケットに納めたというのがわたしの推論だった。インターネットで調べると、パスポートは闇市場において高額で取引されるらしい。

そのとき、空港の係官が、問題を「解決する」ために空港内の警察署へ案内してくれた。アメリカ大使館に連絡したので、だれかが来てくれるらしい。ようやくやってきた人は、やっかいなときにパスポートを紛失したね、と言った。アメリカが、先ごろ大統領に就任したドナルド・トランプの指示で多くの外国人の入国を拒否しているため、大使館員はてんてこ舞いだという。そのうえ、フランスが「報復」行為のひとつとしてわたしを利用する可能性が大きいとのことだった。さらに、警察の聴取があること、通訳を用意してくれること、非常に礼儀正しく応じるべきであることを説明された。

聴取を担当した警察官は威圧的だった。腰に拳銃を装着していたからなおさらだ。わたしは通訳を通して、フランスの文化大臣からルーブル美術館で行われるイベントに招待されてここへ来たことを説明した。浮き出し印刷のある招待状も見せた。それがあれば入国できるだろうと考えた。ところが、警察官はわたしをちらりと見ると、「そんなものはただの紙切れだ」と一蹴《いっしゅう》した。それから、7種類の書類にサインをするように言った。すべてフランス語で書いてあった。わたしは簡単なフランス語しかわからないので、通訳に説明を頼んだ。けれども通訳に、よくある書類だからとにかくサインするべきだと言われた。そこで、サインをした。快くサインをするのが、礼儀正しさを示す行動として世界的に認められていると考えたからだ。

警察官は、書類を持って上司に相談に行った。それからおよそ10分後に、しかめっ面をして戻ってきた。わたしは最悪のことが起こるのを覚悟したが、フランスへの入国が許可されたこと、代わりのパスポートをできるだけ早く手に入れる必要があることを告げられた。おそらく「ただの紙切れ」のはずのルーブルの招待状があったため、警察官の上司は、入国を拒否するよりも許可したほうが問題が少ないと考えたのだろう。

警察の聴取についてこられなかった妻に、あとからこの話をして、サインした書類を見せた。妻はわたしよりもフランス語ができるので、書類に目を通すと、国外退去させられるときの交通手段に、船ではなく飛行機を選んだのは賢明だったと言った。わたしはそんな選択をしていたことにも気づいていなかった。

パリに来たのは土曜日だったので、月曜日まで待って臨時パスポートを申請するためにアメリカ大使館に向かった。ところが、妻とふたりで到着すると、その日はワシントン誕生日の祝日で休館だということがわかった。逆境にさらに逆境が重なった。なんと巧妙なことか。

次の日ふたたび大使館を訪れ、列に並んだ。前日が休館だったために、いつもの倍の人が並んでいた（逆境にさらに逆境が重なった結果による逆境と呼べるだろう。ストア哲学の神々はこのために残業したにちがいない）。列に並んでいるのは、同じようにパスポートの問題を抱えた人たちだった。当時、わたしは本書を執筆するためのリサーチをしていたので、これは人々がいかに逆境に対処するかを知るすばらしい機会だと思った。そこで、列には妻に並んでもらい、ほかの人たちに列に並んでいる理由を訊いてまわった。

だれもが話を聞かせてくれた。パスポートを紛失した、あるいは盗まれた人もいたし、フランスに長く滞在しているうちに、パスポートの期限が切れてしまった人もいた。そうした話をしてもらいながら、いかに対処したかを聞きだした。予想どおり、腹を立て、だれかのせいにした人が多かったが、うまく立ち直っていた人もいた。

わたしは臨時のパスポートを手に入れ、その午後、帰国する便に乗った。ストイック・テストは終わったらしい。そこで自己評価をすることにした。パスポートを紛失したとき、わたしはストイック・テストというフレーミングを行った。そのおかげで、いらだちも怒りもほとんど感じなかった。どちらかと言えば、ストア哲学の神々が次になにを仕掛けてくるのか、という強い興味をかき立てられると同時に、事態が意外な展開を見せることを楽しんだ。そして、もちろん、たいていの展開で笑った。

逆境をストイック・テストだととらえることが習慣になっていたために、自分が**逆境を日々起こる不運だと考えるのではなく、学習の機会ととらえ、感謝するようになっていること**に気づいた。言いかえれば、逆境の達人となったのだ。わたしが今回経験したことは、上等なフランスのシャンパンのようなものだったのだろう。

このようなテストを用意したストア哲学の神々には、敬意を払わざるをえない。パスポートを探しているところにパイロットをよこしたのは気が利いていたし、わたしが訪れた日に大使館を休館にしたのだから。こんなふうに自分を試す機会を与えてくれたことにも感謝した。おかげで、ストア主義者として本領を発揮することができただけでなく、語るにふさわしい逆境の物語を提供してもらえた。しかも、それがなかなかおもしろい話になった。

謝辞

この機会を借りてライト州立大学が、本書の執筆をしやすいように、担当科目を減らしてくれたことに感謝する。また、本書の出版に尽力してくれたジャイルズ・アンダーソンとW・W・ノートンのクイン・デューに感謝する。さらに、本書執筆中に、いつものように忍耐と理解を示してくれた妻のジェイミーへの感謝も忘れてはいない。ようやく書き終えることができたので、家のなかの片づけなどに取り組むつもりだ。必ず。

さらに知りたい人のために

本書では古代ストア哲学の歴史と教えに加えて、ストイック・テスト戦略を紹介した。ストア哲学についてさらに知りたい人は、拙著『良き人生について――ローマの哲人に学ぶ生き方の知恵』（竹内和世訳、白揚社、2013年）を読んでほしい。そちらでは何人かのストア哲学者を紹介し、その教えをいかにみずからの人生に取り入れるかを説明している。ストア哲学をより深く理解したい人には、マッシモ・ピリウーチの良書『迷いを断つためのストア哲学』（月沢李歌子訳、早川書房）を勧めたい。もちろん、セネカの著作も読みやすく、知見にあふれている。

序章　ある日空港で

1. Seneca, "On the Happy Life," in *Seneca: Moral Essays*, vol. 2, trans. John W. Basore (Cambridge, MA: Harvard University Press, 1932), III.2.（セネカ「幸福な生について」『生の短さについて　他二篇』収録、大西英文訳、岩波書店、2010年）

第1部　基礎編　試練に対処する

1章　ものごとはうまくいかない

1. Seneca, "On Anger," in *Moral and Political Essays*, trans. John M. Cooper and J. F. Procopé (Cambridge, UK: Cambridge University Press, 1995), III.26.（セネカ『怒りについて 他二篇』兼利琢也訳、岩波書店、2008年）

2章　怒りは事態を悪化させる

1. Seneca, "On Anger," I.2.1.（『怒りについて 他二篇』）

3章　回復力《レジリエンス》が決め手

1. "Neil Armstrong's Lunar Lander Trainer Accident," YouTube, February 28, 2010, ▸ https://www.youtube .com/watch?v=OlJGQ92IgFk.
2. James R. Hansen, *First Man: The Life of Neil A. Armstrong* (New York: Simon & Schuster, 2005), 332.（ジェイムズ・R・ハンセン『ファースト・マン――初めて月に降り立った男、ニール・アームストロングの人生』日暮雅通・水谷淳訳、河出書房新社、2019年）
3. Bethany Hamilton, Sheryl Berk, and Rick Bundschuh, *Soulsurfer: A True Story of Faith, Family, and Fighting to Get Back on the Board* (New York: Pocket Books, 2004).（ベサニー・ハミルトン『ソウル・サーファー ―サメに片腕を奪われた13歳』鹿田昌美訳、ヴィレッジブックス、2007年）
4. Marianne Thamm, *I Have Life: Alison's Journey* (New York: Penguin Putnam, 1998).
5. Alison Botha, *Alison: A Tale of Monsters, Miracles and Hope*, dir. Uga Carlini (South Africa: Journeymen Pictures 2016), 51:43.（ドキュメンタリー映画『アリソン』）
6. Roger Ebert, "Remaking My Voice," filmed March 2011 at TED2011, ▸ https://www.ted.com/talks/roger_ebert_remaking_my_voice.

7. Lou Gehrig, "Luckiest Man," National Baseball Hall of Fame website,

▸ https://baseballhall.org/discover-more/stories/baseball-history/lou-gehrig-luckiest-man.

8. Amelia Hill, "Locked-In Syndrome: Rare Survivor Richard Marsh Recounts His Ordeal," *Guardian*, August 7, 2012,

▸ https://www.theguardian.com/world/2012/aug/07/locked-in-syndrome-richard-marsh.

9. Jean-Dominique Bauby, *The Diving Bell and the Butterfly* (New York: Alfred A. Knopf, 1997), 39.(ジャン=ドミニック・ボービー『潜水服は蝶の夢を見る』河野万里子訳、講談社1998年)

10. Mariska J. Vansteensel et al., "Fully Implanted Brain-Computer Interface in a Locked-In Patient with ALS," *New England Journal of Medicine* 375 (2016):2060–66.

11. Theodore Roosevelt, *The Autobiography of Theodore Roosevelt* (n.p.: Renaissance Classics, 2012), 244. ルーズベルトはこの言葉は、ウィリアム・ワイドナーという無名ではありながら優れた人物から生まれたとしている。

12. Epictetus, "Discourses," in *Discourses, Fragments, Handbook*, trans. Robin Hard (New York: Oxford University Press, cop., 2014), I.i.31–32. (エピクテートス『人生談義』鹿野治助訳、岩波書店、1958年)この引用においては言葉を変えている。

4章　回復力《レジリエンス》は習得できる

1. Musonius Rufus, "Lectures," in *Musonius Rufus: Lectures and Sayings*, trans. Cynthia King (n.p.: CreateSpace, 2011), 9.10.

2. キュニコス派の哲学者ディオゲネスは、その思想を体現した生き方で知られ、人間についての知見に関するユーモアあるすぐれた物語に数多く登場している。

3. Musonius, "Lectures," 9.4.

4. Rachel Toor, "Hearing the Voice of a 51-Year-Old Man in the Essay of a 17-Year-Old Girl," *New York Times*, October 19, 2010,

▸ https://thechoice.blogs.nytimes.com/2010/10/19/toor/.

5. アメリカの大学では、成績インフレの広範な証拠がある。この現象を深く知るには、Jane Darby Mentonの意見を参照のこと。"Up Close: Defining the Yale College 'A', " *Yale News*, April 11, 2013,

▸ https://yaledailynews.com/blog/2013/04/11/up-close-defining-the-yale-college-a/.

第2部 理論編 感情はコントロールできるか

5章 プラスの感情とマイナスの感情

1. "How to Be a Hero," Radiolab podcast, January 10, 2018,
▸ https://www.wnycstudios.org/podcasts/radiolab/articles/how-be-hero.
2. 以下の拙著を参照のこと。*Aha! : The Moments of Insight that Shape Our World*（New York: Oxford University Press, 2015）.

6章 「アンカリング効果」で「感謝」が芽生える

1. Daniel Kahneman, *Thinking, Fast and Slow*（New York: Farrar, Straus & Giroux, 2011）, 119.（ダニエル・カーネマン『ファスト&スロー——あなたの意思はどのように決まるか?』村井章子訳、早川書房、2014年）
2. Fritz Strack and Thomas Mussweiler, "Explaining the Enigmatic Anchoring Effect: Mechanisms of Selective Accessibility," *Journal of Personality and Social Psychology* 73, no. 3（1997）: 437-46.
3. 2012年に小売業のJCペニーは、頻繁にセールスをすることをやめ、毎日低価格の路線を選択すると発表した。この計画が発表された記者会見でCEOのロン・ジョンソンは、正価での販売で得られる収益は1パーセントに満たないことを明らかにした。こうしたデータはこのひとつしかないが、説得力がある。
4. Seneca, "Consolation to Marcia," in *Seneca: Dialogues and Essays*, trans. John N. Davie（New York: Oxford University Press, 2007）, XII.（「マルキアに寄せる慰めの書」『セネカ哲学全集1』収録、大西英文ほか訳、岩波書店、2005年）

7章 「フレーミング効果」で「楽観的」になる

1. Kahneman, *Thinking, Fast and Slow*, 367.（『ファスト&スロー』）
2. Epictetus, *Handbook of Epictetus*, trans. Nicholas P. White（Indianapolis: Hackett, 1983）, 30.
3. 同上 5.
4. Seneca, "On Anger," III.11.（『怒りについて 他二篇』）

5. Marcus Aurelius, *Meditations*, trans. Maxwell Staniforth (London: Penguin, 1964), VIII.47.（マルクス・アウレリウス『マルクス・アウレリウス「自省録」』鈴木照雄訳、講談社、2006年）
6. 拙著*On Desire: Why We Want What We Want* (New York: Oxford University Press, 2006).（『欲望について』竹内和世訳、白揚社、2007年）において、わたしは、大半の人が金持ちになりたい、社会的階層における立場を向上させたいという意味で、富と名声を求めると論じた。また、人が裕福になりたがるのは、社会的立場を向上させたいからだとも論じた。
7. Epictetus, *Handbook of Epictetus*, 13.
8. Seneca, "On Anger," III.33.（『怒りについて 他二篇』）
9. 同上 III.11. キュニコス派のディオゲネスが言ったという説もある。Seneca, "On Anger," IIIn7（『怒りについて 他二篇』）参照。
10. 拙著 *A Slap in the Face : Why Insults Hurt, and Why They Shouldn't* (New York: Oxford University Press, 2013)参照。
11. "Living with Locked-In Syndrome: Michael Cubiss," Words of Wickert, January 18, 2013,
▸ https://wordsofwickert.wordpress.com/2013/01/18.
12. 古代アテネの「警察」の機能については以下を参照。"Policing in Ancient Times," *Weekend Edition*, NPR, June 11, 2005,
▸ https://www.npr.org/templates/story/story.php?storyId=4699475.
13. Jean Liedloff, *The Continuum Concept: In Search of Lost Happiness* (Cambridge, MA: Perseus Books, 1975), 10.（ジーン・リードロフ『野生への旅 ──いのちの連続性を求めて』山下公子訳、新曜社、1984年）

第3部　実践編　「ストイック・テスト」に取り組む

8章　「逆境」を冷静に受けとめる

1. Seneca, "On Anger," II.14.（『怒りについて 他二篇』）
2. Martin Luther King, Jr., *The Autobiography of Martin Luther King, Jr.*, ed. Clayborne Carson (New York: Warner Books, 1998), 70.（マーティン・ルーサー・キング『マーティン・ルーサー・キング自伝』梶原寿訳、日本基督教団出版局、2001年）
3. Robert Kastenbaum, *Death, Society, and Human Experience*, 6th ed. (Boston: Allyn &

Bacon, 1998).

4. George A. Bonanno, "Loss, Trauma, and Human Resilience," *American Psychologist* 59, no. 1 (2004): 20–28.
5. Seneca, "To Polybius on Consolation," in *Seneca: Moral Essays*, vol. 2, trans. John W. Basore (Cambridge, MA: Harvard University Press, 1932), XVIII.4–5. (「ポリュビウスに寄せる慰めの書」『セネカ哲学全集2 倫理論集II』収録、大西英文ほか訳、岩波書店、2006年)

9章　「逆境」=「テスト」である

1. Seneca, "On Providence," *in Seneca: Dialogues and Essays*, trans. John N. Davie (New York: Oxford University Press, 2007), 4.(「摂理について」『怒りについて 他二篇』収録、兼利琢也訳、岩波書店、2008年)
2. 同上
3. 同上 4–5.
4. Epictetus, "Discourses," I.1.(『人生談義』)
5. 同上 I.24.
6. Seneca, "On Providence," 5. (「摂理について」)
7. 同上 5.

10章「5秒ルール」で対処する

1. 人類進化の系統樹についての詳細は次を参照。William B. Irvine, *You: A Natural History* (New York: Oxford University Press, 2018).
2. 快感、不快感を覚える能力の発達については次を参照。Irvine, *On Desire*. (『欲望について』)

第4部　応用編　ストア主義者として生きる

11章「ストイック・テスト」のための日常トレーニング

1. Seneca, "On Providence," 3–4. (「摂理について」)
2. 「怠け者のビル」は拙著*A Guide to the Good Life: The Ancient Art of Stoic Joy* (New York: Oxford University Press, 2009)(『良き人生について』)において"other self "(もうひとりの自分)とし

て言及したものの呼び名である。

12章 「失敗」を進んで受け入れる

1. Howard Shultz, “Starbucks: Howard Schultz,” interview by Guy Raz, NPR, September 28, 2017,
   ▸ https://one.npr.org/?sharedMediaId=551874532:554086519,（20:08）.
2. Tristan Walker, “The Beauty of a Bad Idea,” interview by Reid Hoffman, *Masters of Scale*, episode 3,
   ▸ https://mastersofscale.com/tristan-walker-beauty-of-a-bad-idea/,（0:01）.
3. 同上 16:45.
4. John Danner and Mark Coopersmith, “How Not to Flunk at Failure,” *Wall Street Journal*, October 25, 2015,
   ▸ https://www wsj.com/articles/how-not-to-flunk-at-failure-1445824928.

13章 胆力を鍛える―― 心地よい領域《コンフォート・ゾーン》を拡張する

1. 拙著*A Guide to the Good Life*（『良き人生について』）を読んだ人には胆力を鍛えることは、「積極的不快プログラム」の発展であることがわかるだろう。
2. 心理学では「エクスポージャー療法（曝露療法）」と呼ばれる。
3. 空腹を探求することは、空腹を単に経験することとは異なる点に留意したい。空腹を真に探求するには、空腹を身をもって経験することが必要となる。
4. Seneca, *Letters from a Stoic*, trans. Robin Alexander Campbell（New York: Penguin Putnam, 1969）, XVIII.（『セネカ哲学全集5　倫理書簡集I』大西英文ほか訳、岩波書店、2005年）
5. Musonius, “Lectures,” 19.
6. Seneca, *Letters from a Stoic*, XVIII.（『セネカ哲学全集5　倫理書簡集I』）
7. Seneca, “On Anger,” II.25.（『怒りについて 他二篇』）

14章 「順境」も冷静に受けとめる

1. Seneca, “On Providence,” 4.（「摂理について」）
2. Michael Lewis, *The Undoing Project: A Friendship That Changed Our Minds*（New York: W.W.Norton & Company, 2017）,354.（マイケル・ルイス『かくて行動経済学は生まれり』渡会圭子訳、文藝春秋、2017年）

15章　死――卒業試験

1. Lewis, *Undoing Project*, 347.（『かくて行動経済学は生まれり』）
2. Seneca, "On Providence," 5.（「摂理について」）
3. Seneca, "On the Tranquility of the Mind," in *Seneca: Dialogues and Essays*, trans. John Davie (New York: Oxford University Press, 2007), 14.（セネカ「心の平静について」『生の短さについて 他二篇』収録、大西英文訳、岩波書店、2010年）

※URLは2019年9月の原書刊行時のものです。

著者

ウィリアム・B・アーヴァイン

William B. Irvine

オハイオ州デイトンにあるライト州立大学哲学科教授。

ミシガン大学で数学と哲学を学んだ後、カリフォルニア大学ロサンゼルス校で哲学の修士号と博士号を取得。

『欲望について』(竹内和世訳、白揚社)でアメリカ図書館協会CHOICE誌2006年度優秀賞受賞。

他の著書に『良き人生について』(同上)など。

訳者

月沢李歌子

つきさわ・りかこ

津田塾大学英文学科卒。

外資系金融機関勤務を経て翻訳家に。

ギル『ラテに感謝!』(ダイヤモンド社)、ディズニー・インスティテュート『ディズニーが教えるお客様を感動させる最高の方法』(日本経済新聞社)、ピリウーチ『迷いを断つためのストア哲学』(早川書房)など訳書多数。

校正	円水社
本文組版	天龍社
編集協力	塩田知子

ストイック・チャレンジ

逆境を「最高の喜び」に変える心の技法

2020年11月25日　第1刷発行

著　者　　ウィリアム・B・アーヴァイン
訳　者　　月沢李歌子
発行者　　森永公紀
発行所　　NHK出版
〒150-8081
東京都渋谷区宇田川町41-1
TEL　0570-009-321（問い合わせ）
0570-000-321（注文）
ホームページ　https://www.nhk-book.co.jp
振替　00110-1-49701
印　刷　　三秀舎／大熊整美堂
製　本　　ブックアート

Printed in Japan
ISBN978-4-14-081846-6　C0030